Le
Sport Power

OLIVIER GIRAULT
Directeur National
de l'Union Nationale du Sport Scolaire (UNSS)

Le
Sport Power

Aux 37 000 Profs d'EPS qui font vivre tous les jours
le sport à l'école.

Aux 1 174 670 élèves des collèges et des lycées
licenciés au sein de l'Union Nationale du Sport Scolaire.

À toutes celles et ceux qui sont engagés pour faire
de la France une très grande nation sportive mondiale.

Introduction

Remettre le sport scolaire au cœur du projet pédagogique, c'est la promesse de bâtir une société dynamique, respectueuse et porteuse d'un bel avenir. Le sport à l'école ne peut pas être une variable d'ajustement. Bien au contraire, il doit être l'un des fers de lance de l'Éducation nationale. Un socle solide pour façonner des individus équilibrés, responsables et engagés dans une société en bonne santé.

Braquer les projecteurs sur le monde du sport juste à travers le prisme des médailles ou celui de la performance n'est pas suffisant. À quelques mois des Jeux Olympiques et Paralympiques de Paris, il m'a semblé indispensable d'insister sur la fonction du sport à l'école aussi fondamentale que protéiforme dans la société.

On le sait, la crise sanitaire a engendré des conséquences néfastes en termes de santé mentale, de nutrition, de maladies diverses (diabète, taux de cholestérol élevé... « une bombe à retardement menant à des infarctus ») comme elle a mis en lumière le fait que la sédentarité gagnait du terrain, particulièrement chez les jeunes. Notre jeune génération passera, en moyenne, quatre heures trente par jour devant un écran. À tel point qu'une étude de février 2023 conjointe entre le ministère des Sports et des Jeux olympiques et paralympiques et la Matmut[1] affirme qu'un adulte âgé de 65 ans, actif mais pas sportif, est en meilleure forme physiologique qu'un jeune : de quoi rester sans voix... Dès lors, faire le choix, impérieux, du plaisir de la pratique sportive au lieu de la « cyberdépendance » constitue une priorité.

D'autant que les méfaits de l'inactivité sont réversibles, au-delà d'être souhaitables. Souhaitables car toutes les études scientifiques et cognitives convergent peu ou prou vers la même conclusion : remettre le sport au centre du parcours scolaire, c'est poser les fondations d'une école de la confiance, car l'exercice physique stimule l'énergie mentale, la mémoire, l'estime de soi et réduit notamment dépression et anxiété. La pratique sportive à l'école crée des enfants en bonne santé, assurés, bien meilleurs apprenants et qui deviendront plus tard des adultes épanouis.

D'ailleurs, pratique sportive et QI sont corrélés. Le sport ne rend pas plus intelligent, bien sûr, mais la recherche

---

[1] www.matmut.fr/groupe-matmut/actualites/inverser-les-courbes.html

scientifique assure que celui-ci favorise considérablement, et à tout âge, la neurogenèse, c'est-à-dire la propension du cerveau à produire de nouveaux neurones. Lesquels engendrent une causalité vertueuse : outre la confiance en soi, les élèves intègrent les règles du vivre-ensemble, le sens du partage, l'esprit d'équipe, l'amour du dépassement et du collectif, la joie dans l'effort, la quête de l'excellence, la solidarité et le respect.

C'est aussi sous le préau que se joue quelque chose d'essentiel : l'égalité homme/femme dans la société, toutes les formes de diversité, la défense des valeurs d'inclusivité et de respect, y compris à l'endroit de la communauté LGBTQIA+. Ainsi nous bâtissons une société qui vit la mixité dans sa chair et non comme un argument marketing. Autant de valeurs centrales dans notre République.

Bien vieillir, en forme, et, partant, réduire les dépenses de santé impliquent de prendre conscience que cela démarre à l'école. Y valoriser le sport est une façon, simple, ludique et gratuite d'instaurer la meilleure des prophylaxies. Renforcement des capacités cardiovasculaires, baisse du risque de diabète, ralentissement de la baisse de densité osseuse due au vieillissement... en plus des raisons énoncées ci-dessus, renforcer l'éducation physique au sein de l'Éducation nationale ne devrait même plus susciter d'atermoiements !

Ce qui m'amène au cœur du réacteur, à ceux sans qui ces réflexions resteraient des vœux pieux, à savoir les

37 000 professeurs d'Éducation Physique et Sportive, au bagage universitaire complet et qui forment une escouade de vigies attentives au bien-être des enfants.

Ils en ont une approche holistique et sont les premiers, bien souvent, à pouvoir détecter chez eux une éventuelle défaillance physique, sociale, psychique ou mentale. Cela n'a pas de prix. Pour moi, ils constituent une très grande fierté française. Cet ouvrage se veut un hommage à leur dévouement et à leur engagement. Il est temps d'investir sur ce métier, unique et envié à l'international, lequel constitue une courroie de transmission essentielle vers le sport universitaire ou en club. Ces « profs de gym » comme on les appelait souvent tiennent entre leurs mains l'avenir de la société démocratique. Une société ouverte à toutes et à tous, où chacune et chacun est égal et où la méritocratie devient réalité en ce sens que le travail, la persévérance et le talent sont récompensés.

Alors prenons soin de ce capital. Il y a, bien sûr, nos athlètes et nos champions, pourvoyeurs de tant de médailles et d'honneurs, mais avant cela il y a l'extraordinaire maillage d'infrastructures et de diversités de pratiques dont notre pays peut s'enorgueillir. Quel autre pays au monde propose aux familles de prendre une licence pour à peine 20 euros par an, afin de pratiquer n'importe quel sport, et ce dans les meilleures conditions ? L'Union Nationale du Sport Scolaire est un pilier de ce modèle unique. C'est à l'UNSS que ma carrière est née comme celles de Raphaël Varane en football, les champions olympiques Renaud Lavillenie en saut à la perche, Brahim Asloum en boxe, Jade Ulutule en rugby à 7, Élodie Clouvel en pentathlon moderne ou Malia Metella en natation. Certes tout le monde ne deviendra pas médaillé olympique mais c'est aussi une voie royale vers une foultitude de métiers différents.

Le sport est un langage universel, nous avons en France cette chance d'avoir un système absolument remarquable qui prend sa source à l'école. Il est temps, comme aux États-Unis, en Chine ou dans les pays de l'Est, de prendre la chose bien plus sérieusement qu'une simple activité du mercredi ou du week-end. Nous disposons là d'une « arme d'expansion massive », dans plusieurs domaines. À condition d'en prendre acte et d'en faire le socle d'une filière d'exception tricolore.

À l'échelle mondiale, le chiffre d'affaires du secteur économique du sport, toutes activités confondues, avoisine les 1 000 milliards de dollars...

En dehors des aspects – très importants – de citoyenneté, de santé publique, de rayonnement et de garantie du pacte républicain, il me semble que nous aurions tout à gagner à déployer plus avant une filière d'excellence et viser ainsi plus que les 71 milliards (2,6 % du PIB) que représente aujourd'hui le sport dans notre économie.

Dans les secteurs du nucléaire, de l'hydrogène ou encore de la décarbonation, pour ne citer qu'eux, nous avons été capables de créer des industries de pointe notamment à l'international. Pourquoi le sport, dans son acception la plus large, ne deviendrait pas une autre vraie force économique ? SporTechs, médecine spécialisée, organisations d'événements, production de contenus... Nous avons les moyens de faire croître ce pan de l'économie. L'État a consenti des investissements en faveur du sport à l'école à nuls autres pareils. Il est temps d'en tirer des bénéfices, en plus de ceux de santé publique ou d'externalités positives comme l'inclusion, la méritocratie ou l'utilité sociale.

Avant les Jeux Olympiques et Paralympiques qu'il a modernisés, Pierre de Coubertin, en son temps, a d'abord œuvré en faveur du déploiement de l'éducation physique dans les établissements scolaires. Frappé, à l'occasion de voyages en Angleterre et aux États-Unis, par l'importance accordée au sport dans leurs systèmes éducatifs, il a principalement saisi la pluralité des défis qui y étaient liés en matière de santé, de politique, de diplomatie, de démocratie et bien sûr d'avenir des sociétés.

Cet ouvrage se veut prospectif et positif afin de réfléchir à l'avenir du sport scolaire, aux moyens de renforcer ses lettres de noblesse et à la manière de faire converger les efforts de toutes et tous pour insuffler l'envie aux enfants de cultiver ce patrimoine pour la vie !

Chapitre 1

« Mes profs de gym m'ont appris
à penser. »
Michel Serres, philosophe, historien et académicien[1]

Remettons le sport au cœur du projet éducatif national

Serions-nous tous collectivement atteints de paradoxisme[2] aigu ?

12 millions de Français s'adonnent régulièrement au running, l'ensemble de la nation, vibrant à l'unisson, s'enflamme pour un Kylian Mbappé, les 4 millions de compatriotes qui utilisent l'application Strava n'hésitent pas à partager quotidiennement leurs performances sportives sur les réseaux sociaux, les baskets ont pris le pouvoir dans

[1] Michel Serres, *Mes profs de gym m'ont appris à penser*, Le Cherche Midi, 2020, p. 96.
[2] Le paradoxisme est un mouvement d'avant-garde dans la littérature, l'art, la philosophie ou la science, lequel s'appuie, dans ses créations, sur une utilisation excessive d'antinomies, contradictions et autres paradoxes.

les armoires depuis longtemps, la tendance de l'*athleisure* – contraction des mots anglais *athlete* (athlète) et *leisure* (loisir) dont le hashtag comptabilise 1,3 milliard de vues sur TikTok – a converti la mode au sport, y compris et surtout dans les maisons de luxe... Las. Lorsqu'il s'agit du sport à l'école, l'engouement est moindre, quand il ne pâtit tout bonnement pas d'une image dégradée, voire légèrement contemptrice.

Le paradoxe est d'autant plus déroutant que deux tiers des Français et plus s'adonnent à une activité au moins une fois par semaine[1], comme s'il semblait impossible de corréler le fait d'apprendre une pratique ou, à tout le moins, d'adopter des habitudes très tôt, avec sa poursuite à l'âge adulte. Déroutant également, car chacun s'accorde à penser que le sport en général et dans le milieu scolaire en particulier est structurant. Un vecteur de vertus cardinales de nature, même, à consolider le pacte républicain.

Alors, d'où vient cette désaffection ? « La culture française a tendance à encore mépriser le corps et donc le sport. Une vision cartésienne très élitiste et très intellectuelle persiste à ce sujet », analyse Paul Dietschy[2]. Comme si nous étions encore accrochés à cette idée, foncièrement hexagonale, qu'il y a « la tête » d'un côté et « les jambes » de l'autre, du nom de ce jeu télévisé à très grand succès dans les années 1970. Même s'il est parfaitement absurde de dissocier corps et esprit, il n'en demeure pas moins que ce clivage persiste, avec ces

---

[1] www.insee.fr/fr/statistiques/6535289?sommaire=6535307
[2] Professeur d'histoire à l'université de Franche-Comté et spécialiste de l'histoire du sport.

clichés éculés, à la vie dure. L'on continue d'opposer action/réflexion, manuel/intellectuel, sportif/cérébral...

Cette image d'une discipline mal aimée, principalement dans le cadre scolaire, est récurrente depuis des décennies, entretenue, de surcroît par un narratif truffé de stéréotypes. Ainsi les travaux historiques de Thomas Bauer et Jean-Marc Lemonnier[1] soulignent, simplement à travers l'étude de films populaires comme *Au revoir les enfants* (Louis Malle), *Le Péril jeune* ou *Les Profs* pour ne citer qu'eux, que l'image véhiculée autour des cours de sport est ennuyeuse, autoritaire, ou alors ridicule. En un mot, sans considération aucune au sein de l'institution scolaire.

C'est une lapalissade mais chacun d'entre nous possède un talent. Qu'il s'agisse d'une aptitude artistique, de la « bosse des maths » ou d'une prédisposition athlétique. Dans la construction d'un enfant, il est primordial de le trouver, de l'affermir, de s'y adosser comme un étai pour y puiser de la force. C'est l'un des buts de l'école, précisément.

Sa mission implique d'inculquer à l'élève rigueur et méthode, tout en assurant son épanouissement en fonction de ses sensibilités.

Quand un élève s'accomplit, il atteint une forme d'excellence dans le domaine qui est le sien et qui, pour certains, passe à travers le sport. Le bon système est donc celui

[1] www.cairn.info/revue-staps-2014-3-page-67.htm?contenu=article

qui accorde une part aussi importante aux apprentissages basiques – et non négociables – comme une place à l'inventivité, l'art ou le sport. Prenons l'exemple de l'art et par extension de la culture : sa position n'était pas plus enviable au sein de l'Éducation nationale, et les parents ne voyaient rien d'essentiel dans son apprentissage. Il a suffi d'une volonté étatique et de celle d'un homme, l'ancien ministre Jack Lang, pour en changer la vision. Peu importe qu'on aime le personnage ou pas, là n'est pas la question, mais il a remis la culture au centre et fait évoluer les mentalités en induisant l'idée que l'éducation artistique était tout aussi importante que des matières classiques. Jusqu'à une époque pas si lointaine, un enfant qui annonçait vouloir devenir comédien ou céramiste était sûrement mal accueilli par ses parents. Aujourd'hui, des résistances existent encore, mais dans une moindre mesure, car cette politique nationale a levé beaucoup de freins.

Engager et coordonner la même initiative, en faveur du sport, conduiraient de fait les parents à penser que cette pratique est indispensable, et non une variable d'ajustement.

Une autre raison qui a regrettablement contribué à abîmer la place du sport à l'école, c'est sa classification. Autrement dit, si l'on continue à ne pas prendre cette matière en considération au même titre – et au même coefficient – que les mathématiques, le français ou les sciences, si l'on continue de l'aborder comme une pause, voire une simple récréation, dans l'emploi du temps des jeunes, comment les parents la prendraient-ils au sérieux ?

Chapitre 1

Et la joie dans tout ça ?

La première des pratiques, c'est le plaisir

Par essence, le sport est un jeu, mais nous avons oublié de nous amuser… La victoire originelle à célébrer, c'est celle de l'engagement de l'inscription. Laquelle fait inexorablement écho à l'expression centenaire « l'important c'est de participer ». Ce premier pas est très souvent personnel et l'UNSS (Union nationale du sport scolaire) par le biais des 118 disciplines qu'elle propose dans les associations sportives des collèges et lycées est toujours là pour l'accompagner. Chaque année, l'UNSS organise plus de 35 000 évènements à travers toute la France afin de promouvoir tous les sports et d'en faciliter l'accès à toutes et tous la pratique sportive et en faciliter l'accès à toutes et tous. Et nous portons tous en nous ces souvenirs de mercredi après-midi, placés sous le signe de la joie insouciante et contagieuse.

Et pourtant. Contrainte ? Corvée ? Inutile ? À trop vivre cette discipline comme un embarras en milieu scolaire, chacun a perdu de vue ses vertus. La première, élémentaire, est d'abord de se faire plaisir et d'en éprouver. Si l'on interroge les grands champions ou des équipes auréolées de succès au sortir d'un match, 95 % d'entre eux mettront en avant le fait qu'ils y ont pris du plaisir. Selon l'Insee, 57 % des élèves jugent pourtant le nombre d'heures d'EPS insuffisantes. Certaines études stipulent même que, tant au collège qu'au lycée, le sport figure comme l'une des matières préférées des jeunes. L'une d'entre elles, en particulier aux États-Unis, mettait en évidence que leurs meilleurs souvenirs étaient non seulement corrélés à une discipline sportive, mais que c'était une réminiscence associée à la joie d'une part, et au sentiment d'accomplissement d'autre part.

Développer sa motivation intrinsèque, se connecter à soi-même, explorer ses limites, sortir de sa zone de confort, et... jouer ! Car nous sommes des *Homo ludens* (homme jouant) comme l'a théorisé Johan Huizinga dans son ouvrage éponyme[1]. À travers cet essai, qui fait toujours référence presque cent ans plus tard, il montre que le jeu, à travers le sport particulièrement, féconde tous les grands aspects de la vie collective, parmi lesquels la poésie, la musique, la danse, la science, le droit, le combat. En un mot : la culture, dans son acception la plus large.

C'est pourquoi il est impératif d'allouer à l'éducation sportive la même place qu'aux matières dites « régaliennes », comme les mathématiques, le français ou les langues. Car elle développe entre autres capacités un désir de dépassement de soi et, partant, d'excellence.

Rappelons, donc, aux esprits chagrins que le sport en milieu scolaire n'a pas pour unique vocation le divertissement, loin s'en faut.

[1] Johan Huizinga, *Homo ludens. Essai sur la fonction sociale du jeu*, Gallimard, 1988, p. 350.

Chapitre 1

Le sport est la société démocratique par excellence

Il faut le renforcer pour consolider le pacte républicain

Il véhicule cette caractéristique fondamentale, qui plus est dans le monde cloisonné de herses qui est le nôtre, d'être ouvert à tous et dans une foultitude de disciplines. C'est la société démocratique par excellence, où mixité et méritocratie prennent tout leur sens.

Le sociologue Roger Caillois[1] affirme de son côté que le sport permet « la création [...] entre les joueurs des conditions d'égalité pure que la réalité refuse aux hommes ». En d'autres termes, quand la société échoue à garantir l'égalité pour tous, la pratique sportive, dès l'école, crée une forme de sanctuaire, « un cercle magique », poursuit le sociologue, à l'intérieur duquel tous les joueurs bénéficient des mêmes chances, des mêmes atouts pour « prouver leur valeur ».

Et cela va même plus loin que des critères de couleurs de peau, de religion, d'origine sociale ou d'une quelconque histoire de morphologie puisque, désormais, le sport partagé est en plein essor. Ce programme, sous l'égide de la Fédération Française Handisport (FFH) et de la Fédération

[1] Roger Caillois, *Les Jeux et les Hommes*, Gallimard, 1992, p. 374.

française de sport adapté (FFSA), permet aux élèves valides et handicapés de jouer tout simplement ensemble. Une innovation unique et enthousiasmante au service de l'inclusion et de la cohabitation.

Un booster de bien-être

La pratique régulière d'une activité a un effet bénéfique sur la santé – nous y reviendrons – mais également sur la vie sociale. De nombreuses études de l'OMS (Organisation mondiale de la santé) soulignent qu'elle aide les enfants à faire des choix sains, améliore les fonctions cognitives, comme l'estime de soi, la confiance en soi.

En substance, le sport contribue au bien-être, indépendamment de l'âge, du sexe, du milieu social et sa portée n'a pas d'équivalent. Son apprentissage tout au long des années scolaires permet d'acquérir des compétences essentielles, comme l'esprit d'équipe, le fair-play, le respect des règles et d'autrui, l'entraide, la discipline : la liste est longue. Et contribue, grâce à ce sens du « collectif », sans nul doute possible, à forger des futurs salariés aux qualités exemplaires.

La rencontre sportive est une école de pensée autant qu'une école du vivre-ensemble républicain, selon Michel Serres : « L'arbitre incarne la justice, le match est une scène politique et religieuse. Tout est réuni pour que le spectateur puisse apprendre sur le terrain comme dans une faculté de droit le collectif sans texte, la tragédie sans texte, le droit sans texte. Il y a là, en modèle réduit, tout ce que l'on peut souhaiter en pédagogie humaine. »

Valoriser et soutenir le sport en milieu scolaire est encore malheureusement sous-exploité en tant que solution aux problématiques françaises, sociétales notamment. 2 700 000 élèves sont licenciés dans des fédérations sportives scolaires, dont plus de 1,1 million à l'UNSS : ne serait-il pas temps de s'appuyer sur ces forces vives, qui plus est à la veille des JOP 2024 ?

Le corps humain est une machine exceptionnelle

La sédentarité, ce funeste mal contemporain

Les résultats de certaines études récentes sont navrants, pointant du doigt la sédentarité comme l'un des maux de ce siècle, tout comme la santé mentale. Le dernier baromètre de la Fédération Française d'éducation physique montre que cette inactivité a un impact sur le bien-être physique, le bien-être psychologique, l'état de forme et même la vie sociale.

Ce n'est malheureusement pas propre à l'Hexagone. En effet, un rapport présenté conjointement par l'Organisation mondiale de la santé (OMS) et l'Organisation de coopération et de développement économiques (OCDE) précise que l'ensemble des membres de l'Union européenne seraient eux aussi beaucoup trop inactifs, ou ne respecteraient pas les cent cinquante minutes d'activité physique d'intensité modérée par semaine recommandées par l'organisme genevois. Ces séances permettraient pourtant d'éviter 11,5 millions de nouveaux cas de maladies non transmissibles d'ici 2050, dont essentiellement des cas de maladies cardiovasculaires, de diabète de type 2, et... de dépression ou d'anxiété. *A contrario*, toujours selon l'OMS, l'exercice a un effet positif sur la santé mentale, sur les fonctions cognitives, il améliore l'estime de soi et dope la mémoire. Alors qu'attendons-nous pour découvrir et nous approprier cette formidable machine qui nous tient lieu de véhicule ?!

Cet outil dont il est grand temps de prendre soin permet, particulièrement chez les jeunes, d'améliorer l'image que l'on a de soi, de se réconcilier avec ce corps que l'on juge parfois encombrant – les deux sont souvent bousculés à l'adolescence... – et de renforcer une expression positive vis-à-vis d'un regard extérieur. L'équation est donc simple : grâce au sport un enfant apprend à s'aimer et à se faire accepter par les autres. Raison pour laquelle sports collectifs ou individuels sont complémentaires et jamais en opposition. En outre, la multitude de sports proposée, des plus confidentiels aux plus populaires – surf, ski, aviron, art du cirque, double dutch, judo, handball, football, danse, etc. –, laisse une immense latitude aux enfants pour choisir celui qui leur offrira fun et épanouissement.

Chapitre 1

Comme pour une Formule 1, il faut en prendre soin

« Nul ne sait ce que peut le corps », écrit Spinoza[1]. Autrement dit, c'est aussi une incroyable machine à battre des records, comme celui, entre pléthore d'autres, d'Usain Bolt et son 100 mètres en 9'58. Un organisme en bonne santé possède des ressources extraordinaires, la première étant d'activer toutes les fonctions vitales de façon très subtile. C'est en pratiquant que, très jeune, j'ai appris à repousser mes limites et aussi à les accepter. À comprendre chacun de ces petits phénomènes que je décelais : l'air dans mes poumons qui saturait, un afflux de sang, une douleur à sublimer... Autant d'effets que l'on a pris le temps de m'expliquer, lesquels m'ont permis d'apprivoiser cet outil si puissant. Ces acquis ne vous quittent jamais. Voilà pourquoi chaque élève devrait en faire l'apprentissage dès le primaire, puis plus tard au collège et au lycée. Car dépassé la vingtaine, le corps mémorise moins bien. Rappelons, à toutes fins utiles, qu'à moins d'une prescription médicale un enfant essoufflé pourrait s'appuyer sur ce savoir précisément et ne devrait pas prendre de ventoline...

Plus formidable encore, le corps humain détient sa propre pharmacie !

Ainsi le sport permet d'activer une multitude d'hormones naturelles et bénéfiques.

---

[1] Spinoza, *Éthique*, III, prop. 2, Flammarion, 1993, p. 378.

Prenons l'exemple de l'endorphine. Surnommée « l'hormone du bonheur » grâce à une action antalgique, relaxante et anxiolytique, et libérée par le cerveau, elle procure du plaisir. Utiliser le corps pour soigner la tête n'est pas qu'un axiome, c'est une réalité scientifique. Une activité de trente minutes à peine enclenche déjà la sécrétion d'endorphines, diminue *de facto* l'anxiété et, le cas échéant, aide à faire face à des situations extrêmes, puisqu'elle agit également comme un antidouleur.

En substance, le sport est un antidépresseur naturel méconnu, prescrit désormais par beaucoup de médecins à leurs patients en proie à cette maladie. L'effet anxiolytique de cette hormone pouvant durer de deux à six heures. Or, comme le capital soleil, le « capital anxiété » des jeunes doit impérativement être préservé et le sport est l'un des vecteurs simples, *ad hoc* et gratuits pour y parvenir.

Quant à l'adrénaline, qui stimule l'effort, elle améliore le rythme cardiaque, la respiration, la pression artérielle, la circulation du glucose dans le sang et oxygène le cerveau comme les muscles.

Sans surprise, ce « solde positif » à créditer à la pratique sportive est à mettre en opposition aux temps d'exposition devant des écrans. Ceux-ci engendrent une bordée de méfaits, bien connus désormais : isolement, baisse de l'estime de soi, diminution des compétences sociales, surpoids, manque de sommeil dû à cette lumière bleue qui retarde la libération de la mélatonine, l'hormone nécessaire à l'endormissement. Or, le sommeil, on le sait, est un temps de récupération primordial pour accompagner de façon optimale le développement de l'enfant.

Choisir urgemment, et dès le plus jeune âge, le plaisir de la pratique sportive plutôt que la cyberdépendance devrait être une priorité.

Le risque d'appréhender le sport comme un accessit social

La starification des sportifs, un fléau mental

« Il permet des ascensions sociales spectaculaires », se réjouit Pascal Boniface, géopolitologue, fondateur et directeur de l'IRIS (Institut de relations internationales stratégiques), qui a fait de la diplomatie sportive et de ses enjeux un objet de recherche. « Dans le sport, la réussite ne dépend que du talent et du travail. » Tout cela est vrai, j'en suis un exemple. Je déplore néanmoins de voir trop de parents encourager le sport auprès de leurs enfants comme un accessit social, avec l'idée sous-jacente que celui-ci deviendra un futur Ballon d'or. Rien n'est impossible, certes, mais il est destructeur de distiller cette croyance sans expliquer le long, très long chemin pour y arriver. Et ne pas tenir compte de la foultitude de paramètres imprévisibles entretient l'illusion.

Chapitre 1

Au risque de caricaturer, il y a quelques décennies, les jeunes voulaient jouer comme Michel Platini. Aujourd'hui, il me semble qu'ils souhaitent plus la montre de luxe ou la grosse cylindrée de Mbappé… En omettant quelques détails d'importance : il était passionné par le football et n'a pas compté ses heures d'entraînement – la fameuse règle des dix mille heures[1] ! –, dès son plus jeune âge, il a consenti une kyrielle de sacrifices ; sa mère était handballeuse et a fait germer très tôt en lui les valeurs du sport avec un adage fondateur : « Je t'ai offert les baskets, mais c'est toi qui cours. »

Je souhaite, d'ailleurs, tordre le cou à ce dogme qui stipule que seuls les premiers excellent. C'est faux. Cela anéantit tout désir de progression et de dépassement de soi, alors que c'est primordial dans la construction d'un enfant. À trop voir les seules médailles, on oublie les notions de saine compétition et d'échec. Car oui, il est fondamental d'apprendre à se mesurer aux autres et à tomber aussi. Le monde, la vie, imposent des challenges en permanence, l'échec est donc un apprentissage qu'il faut savoir explorer pour le transformer en force.

L'avènement des réseaux sociaux a accéléré la propagation de photos de top-modèles, a accentué l'idée que l'on peut maigrir ou se muscler sans efforts aucuns, grâce à certaines publicités, a véhiculé des clichés autour du « tout, tout de suite », etc. dévoyant la notion d'effort.

---

[1] Développée par Malcom Gladwell, cette théorie avance qu'il faut un minimum de dix mille heures de pratique pour exceller dans une discipline, peu importe laquelle. Malcom Gladwell, *Tous winners. Comprendre les logiques du succès*, Flammarion, 2018, p. 313.

Bien sûr qu'au prix d'un engagement absolu, un enfant pourra devenir un sportif de haut niveau, mais les podiums et la notoriété ne doivent pas en être les moteurs.

J'ai coutume de dire que les derniers, les losers pour emprunter au champ lexical des jeunes, ce sont, d'abord et surtout, ceux qui n'osent pas se positionner sur la ligne de départ.

Car ce qui prime, et doit s'intégrer dès le plus jeune âge, c'est l'investissement personnel.

Temps incertains

Bâtir le socle d'une société plus saine et préparée

Il est risqué d'avoir une nation jeune à qui l'on n'aurait pas inculqué très jeune la nécessité de pratiquer une activité sportive. Cela réduit malheureusement le champ des possibles pour leur futur professionnel. En effet, les métiers de la police, de la sécurité, de l'armée sont inaccessibles à qui n'a pas une bonne condition physique...

Enfin, et même si l'idée pourrait sembler saugrenue à certains, je rappellerai cet ancien adage : « La prudence est mère de sureté. » À l'heure où nous n'avons plus qu'une armée de métiers en France, à l'heure où la sédentarité – et ses corollaires, l'obésité, le diabète, la dépression, etc. – est considérée comme l'un des maux de ce siècle, à l'heure, enfin, où malheureusement les bruits de bottes sont aux portes de l'Europe : qu'adviendrait-il, avec une jeunesse souffreteuse ou faible, s'il fallait protéger notre territoire ? Il nous faudrait pourtant être prêts tant psychologiquement que physiquement... Et l'on n'a encore jamais vu de pays sans armée.

Chapitre 2

« Existe-t-il pour l'homme
un bien plus précieux que la santé ? »
Socrate

Le sport à l'école est à la racine des enjeux de santé publique en France

Sans vouloir faire de tautologie, il est avéré que les deux ans de crise sanitaire ont eu des répercussions largement négatives sur l'activité physique et le niveau de sédentarité des Français. Dans ce contexte, les enfants n'ont pas été épargnés, bien sûr. La proportion d'obèses chez les plus petits a même doublé durant cette période (passant de 2,8 à 4,6 %) selon Santé publique France.

Une étude hexagonale menée à petite échelle en 2021 – et réactualisée en 2022 – par Martine Duclos, chef du service de médecine du sport au CHU de Clermont-Ferrand et patronne de l'Observatoire national de l'activité physique et de la sédentarité (Onaps), pointait spécifiquement une baisse préoccupante des capacités physiques, en termes de poids et de souffle notamment, et intellectuelles ou cognitives chez les plus jeunes[1]. « Des chiffres catastrophiques », affirmait même la spécialiste, avançant qu'un tel état des lieux n'avait jamais été observé auparavant. « Des enfants sportifs, sans problèmes de santé, ni poids, ont grossi de 5 à 10 kg du simple fait de l'arrêt du sport. » Ainsi, les capacités d'endurance, motrices et cognitives ont respectivement chuté de 25, 20 et 25 %.

D'autres chercheurs en neurosciences remarquaient eux, d'une façon générale, une nette diminution des compétences intellectuelles, du temps de sommeil ou de lecture. D'après le *National Report*[2] américain, les statistiques font état de scores moyens en déclin de 5 points en lecture et de 7 points en mathématiques, entre 2020 et 2022.

Mais la pandémie ne constituerait-elle pas une excuse un peu trop facile ? À mon sens, il s'agit plus d'une alerte autour d'un problème qui préexistait malheureusement. Le phénomène de sédentarité était déjà sur une courbe ascendante, en raison de l'explosion des temps d'écran. Un cocktail délétère aggravé par les confinements successifs et le maintien de mauvaises habitudes.

---

[1] www.lemonde.fr/sciences/article/2022/09/21/pandemie-et-capacites-physiques-et-cognitives-retour-sur-le-cas-des-enfants_6142492_1650684.html
[2] www.nationsreportcard.gov/highlights/ltt/2022/

Voilà pourquoi je pense qu'il est urgent de reconsidérer la place du sport à l'école et d'en faire la pierre angulaire de la citoyenneté de demain. Il s'agit d'ailleurs de l'un des chantiers importants mis en avant par le ministère de la Santé, lequel prévoit des bilans gratuits et complets aux âges clés de la vie. Le ministre François Braun rappelait à cet effet en septembre 2022 que la France consacrait moins de 2 % de ses dépenses de santé à la prévention alors que ce chiffre est de 3 % dans l'Union européenne. À mon sens, mettre l'emphase sur l'importance du sport à l'école permettrait de réduire considérablement cet écart et de faire des économies substantielles.

Certes, je pousse le raisonnement à son paroxysme – ce dans un contexte où l'enveloppe globale annoncée par le gouvernement en matière de santé est de 25 milliards d'euros pour l'année 2023 – mais si ne seraient-ce que 35 ou 40 millions de Français prenaient leur licence, pour pratiquer le sport de leur choix, à 20 euros par an, on pourrait – presque – imaginer des économies comprises entre 700 et 800 millions d'euros...

Car il me semble évident que l'éducation sportive, intégrée dès le plus jeune âge, ludique, simple et accessible, est certainement la meilleure des prophylaxies.

Bien vieillir, en bonne santé et à coût maitrisé, implique, sans aucun doute, de prendre conscience que cela démarre à l'école.

Chapitre 2

Le manque d'activité physique, un mal commun à tous les adolescents du monde

Non seulement les adolescents passent de plus en plus de temps sur les écrans chaque jour, mais ceci se fait au détriment du sommeil, des interactions avec les autres « en personne », des devoirs scolaires, et bien sûr de l'exercice physique et toute autre activité de nature à leur apporter tout simplement de la joie.

D'autant plus, à en juger par les données relativement alarmantes qui sortent ici ou là. L'une des dernières émane du Dr Vivek Murthy, administrateur de la santé publique aux États-Unis, lequel souligne que la santé mentale des jeunes se détériore grandement[1]. Selon lui, la santé mentale et en corollaire la dépression, la souffrance, l'isolement ou encore le mésusage des écrans représentent la crise médicale majeure de notre époque, et ce dans le monde entier. Outre-Atlantique, le taux de suicide chez les 10-19 ans a ainsi augmenté de 40 % entre 2001 et 2019. Durant la même période, les visites aux urgences ou les hospitalisations de jeunes ayant attenté à leur vie ou s'étant volontairement scarifiés ont grimpé de 88 %. Or, pour ce médecin américain, la santé mentale est un élément majeur dans la construction d'un mineur pour pouvoir, ensuite, assumer sa part

[1] www.nytimes.com/2023/03/21/health/surgeon-general-adolescents-mental-health.html?searchResultPosition=1

de responsabilité auprès de sa communauté, de sa famille, dans la société ou professionnellement. Cette dégradation notable est à imputer, selon lui, au reflux drastique d'activité physique.

Malgré ces indices ô combien tracassants, le sujet, même s'il fait l'objet d'une attention croissante en France, est d'une certaine façon « confisqué » par le corps médical sous l'angle des seuls troubles psychiques et, partant, pédopsychiatriques. C'est nécessaire, cela s'entend. Mais il faut également en avoir une approche holistique et préventive.

Durant cette période étrange et unique qu'a constituée la crise sanitaire, certains ont bien pris conscience de leurs corps dans sa complexité physique et mentale, agissant en conséquence ; nonobstant, une majorité a sombré dans une forme d'apathie, quand ce n'était pas plus grave. Pourtant, l'OMS (Organisation mondiale de la santé) est catégorique : l'activité physique, comme une routine acquise dès le plus jeune âge, prévient les maladies, réduit anxiété et dépression et améliore les capacités d'apprentissage. Les preuves scientifiques quant aux bienfaits des comportements actifs sains sont de plus en plus nombreuses et, outre les susnommées, mettent aussi en avant réussite scolaire et intégration sociale.

Voilà pourquoi il est urgent que les jeunes adoptent cette philosophie de vie, le plus tôt possible. À plus forte raison, car le sport aide au développement du quotient intellectuel de façon multidimensionnelle : sociale, créative, personnelle, spirituelle, physique, spatiale, verbale et même sensuelle.

Il est temps, en outre, d'oublier l'équation sport = *six pack*. Ce n'est pas une question d'abdominaux esthétiques mais de santé à long terme. Il est toujours possible, au cours de sa vie, de rattraper un retard dans des matières dites « intellectuelles » que l'on ait 12 ou 90 ans. Pour s'en convaincre, il suffit d'observer ces exemples émouvants de personnes âgées, obligées par la vie ou des circonstances exogènes d'embrasser une carrière à l'usine ou d'emplois subalternes, qui à l'heure de la retraite entament un parcours universitaire avec succès.

En sport, malheureusement, le retard est impossible à combler, même avec la meilleure volonté du monde...

Le sport, c'est bon aussi pour la tête

Et si le sport rendait plus intelligent ?

On ne le dira jamais assez : contrairement aux idées reçues, sport et capacités intellectuelles sont à mettre au même niveau ! Assertion peu évidente à admettre dans une société comme la nôtre, plus prompte à prôner la supériorité du travail intellectuel sur toutes les autres formes de réalisation de soi. Et pourtant. On sait que le sport induit un certain nombre de bénéfices comme l'entretien du corps, le bien-être ou tout simplement de ne pas ruminer, mais c'est également un puissant stimulus de la plasticité cérébrale.

Chapitre 2

Il est scientifiquement prouvé qu'à raison de deux ou trois séances par semaine, un sportif dit « moyen » va d'ores et déjà augmenter la stimulation de protéines dans certaines régions du cerveau, lesquelles entretiennent les fonctions cognitives et motrices. Cette action va augmenter le nombre de neurones et l'efficacité des connexions entre eux. Autrement dit, le sport augmente le potentiel synaptique en favorisant les liaisons nerveuses. Or, il apparaît que le nombre total de cellules importe moins que leurs interactions entre elles. L'activité physique, semble-t-il, accroît donc les circuits neuronaux, ce qui permet d'élargir le champ des idées, de la réflexion, du raisonnement, de la créativité, de l'attention, de la mémoire ou des solutions lorsqu'un problème affleure.

Et ce n'est pas terminé. Bouger stimulerait la production de nouveaux neurones et neurotransmetteurs ainsi que la vascularisation cérébrale, c'est-à-dire l'irrigation du cerveau en sang. Un mécanisme indispensable pour doper la malléabilité de la tête. La formation de nouveaux vaisseaux et une meilleure oxygénation retardent l'atrophie du cerveau et l'apparition de maladies dégénératives telles qu'Alzheimer ou préviennent les pathologies cardiovasculaires.

Même s'il ne peut, à lui tout seul, guérir des maladies, l'exercice est néanmoins un allié de poids, pour ne pas dire une sorte de médicament non pharmacologique, qui aura des répercussions bénéfiques sur tous les organes, y compris le cerveau.

ÉCLAIRAGE

« L'engrais miracle du cerveau »

Depuis les années 1980-1990 plusieurs études scientifiques ont analysé la corrélation entre sport et cerveau. L'une des premières, menée par le Dr Kisou Kubota de l'université Nihon Fukushi au Japon, était passionnante. Il avait entrepris d'évaluer les capacités intellectuelles de sept jeunes sujets, avant de leur proposer un programme de footing d'une demi-heure, deux à trois fois par semaine, durant douze semaines. Résultat : les bonnes et rapides réponses fusèrent. Poursuivant ses recherches, il s'aperçut que les scores revenaient à une « normale » dès qu'ils arrêtaient l'entraînement. Depuis les années 1990, grâce à différentes recherches[1] qui ont par la suite été largement approfondies, nous savons que l'activité physique favorise donc l'apprentissage, en particulier car elle déclenche la production d'une protéine appelée « facteur neurotrophique dérivé du cerveau » (en anglais, BDNF, *Brain-Derived Neurotrophic Factor*), laquelle stimule le développement de nouveaux neurones et préserve les existants. Une molécule qualifiée par le professeur de psychiatrie à Harvard John Ratey d'« engrais miracle du cerveau ».

[1] www.sciencedirect.com/science/article/abs/pii/0006899396002739

À cet égard, les progrès de l'imagerie médicale ont permis de se rendre compte que les jeunes individus utilisent principalement le côté gauche de la zone du cortex préfrontal pour les fonctions de mémoire à court terme. Ils utilisent le droit pour la consolidation de souvenirs à plus long terme[1]. Déclin structurel et inhérent à l'avancée en âge, une réorganisation s'installe chez les sujets plus âgés, précisément car l'efficacité des neurones s'affaiblit : c'est-à-dire, pour simplifier, que les fonctions de mémoire, de direction, de langage ou de vision déclinant, ils essayent de compenser cette perte d'efficience. Là encore, les techniques modernes ont permis d'établir que ceux qui pratiquaient un sport régulièrement avaient un fonctionnement cérébral assez proche de celui des plus jeunes.

Toutes les conclusions convergent, particulièrement lorsqu'il s'agit des enfants. La pratique sportive régulière, scolaire et extrascolaire, impacte positivement et significativement les performances en classe. Elle améliore ainsi les compétences motivationnelles, l'estime de soi, sa capacité à s'engager dans ses études. Se fixer des buts de performance dans un sport, par exemple, étape après étape, avec persévérance, est en premier lieu très satisfaisant pour le moral mais aussi facilement transposable au sein d'un établissement scolaire.

Quand les effets sont aussi nombreux sur la cognition, qu'attendons-nous ?

---

[1] Fédération de la recherche pour le cerveau : www.frcneurodon.org/comprendre-le-cerveau/a-la-decouverte-du-cerveau/les-activites-physiques/

Chapitre 2

Le milieu scolaire est souvent le seul endroit où un public défavorisé va pouvoir pratiquer une activité sportive

Le sport à l'école, une chance à saisir !

Il est important de souligner en préambule que les associations sportives sont obligatoires et implantées dans absolument tous les collèges et lycées publics de France, jusqu'aux territoires les plus reculés. C'est sanctuarisé, et la licence ne coûte en moyenne « que » 20 euros par an, pour trois heures de pratique tous les mercredis après-midi. Un enfant sur cinq adhère à l'UNSS, ce dont je me réjouis et je souhaiterais que plus de parents encore soient informés de cette possibilité.

En milieu rural, par exemple, il arrive que certains villages n'aient pas de clubs sportifs : le seul endroit où cela existe, c'est donc dans ce cadre-là, avec, qui plus est, une offre très diversifiée. En outre, et nous reviendrons sur ce sujet ultérieurement, cela permet à toutes les jeunes filles de pouvoir s'adonner à n'importe quel sport, ce qui ne serait pas forcément évident en dehors de cet environnement.

L'environnement familial est encore trop souvent une cause de l'inactivité physique. Il devient alors primordial, non seulement, de promouvoir les associations sportives auprès de ce public, mais il est avéré que l'école et l'encadrement par des professeurs d'EPS favorisent les interventions à la nécessité – comme il s'agit d'une des rares occasions où ils vont pouvoir vivre des expériences actives – de les y sensibiliser.

D'autant que, et il est utile de le rappeler, plus qu'une simple pratique physique, le sport est un facteur de mixité, de cohésion et d'inclusion sociale. N'en déplaisent aux cassandres qui dénoncent un poncif, les preuves sont pourtant là. L'adolescence lorsqu'on la vit, de surcroît, dans un milieu socio-économique compliqué peut signifier honte, repli sur soi, souffrance, manque de confiance en soi. Marcher, bouger, jouer un match de n'importe quelle discipline est de nature à briser ce cercle vicieux.

Et tout cela engage la responsabilité de l'État. Lors de la pandémie – en période de la Covid-19 nous avons dû voir 60 000 clips par an de personnes toussant dans leurs bras... –, ou tout simplement lorsque le Gouvernement décide de mettre en avant tel ou tel sujet, les budgets sont débloqués. Puisque l'activité physique a été promulguée « grande cause nationale », consacrons les moyens idoines pour en consolider les fondements dès l'école.

Chapitre 2

Le sport est un art de vivre qu'il faut cultiver avec persévérance

Chi va piano, va sano e va lontano

Beaucoup d'idées reçues circulent malheureusement lorsque l'on évoque le sport... En excluant, de fait, beaucoup de personnes, qui présument encore qu'il faut *a minima* trente ou quarante minutes d'activité physique pour en retirer des bénéfices tels que la sécrétion d'endorphine, de dopamine, l'augmentation du métabolisme ou la perte de poids. C'est faux. Et parfaitement contre-productif puisque plus d'un apprenti en herbe, dans n'importe quelle discipline, va se trouver d'entrée de jeu découragé. *A fortiori* chez les jeunes.

Il ne faut absolument pas avoir honte de mettre des baskets pour courir cinq petites minutes, je ne le répéterai jamais assez !

Qu'on se le dise, l'important, ce n'est pas la durée de l'exercice mais sa récurrence et de ne pas espacer les séances de plus de deux jours.

Le corps a une mémoire extraordinaire. Il a besoin de la répétition pour se modifier. Ainsi, courir cinq minutes, quatre fois par semaine sur la même distance – et même s'il ne s'agit que de faire le tour du pâté de maisons ou de la cour de récréation –, est bien plus efficace et engageant pour atteindre les objectifs que l'on s'est fixés, peu importe lesquels.

Dans l'optique d'inciter les jeunes à s'adonner à plus d'activités, il est important d'insister sur ce point. Cette progressivité va leur permettre de s'adapter en douceur à ces nouvelles contraintes, sans blessures ni douleurs, ce qui est fondamental.

En procédant de la sorte, chacun peut gagner quelques mètres sans aucune difficulté ; la semaine d'après, on rajoutera quelques minutes et ainsi de suite. Si l'on fait le calcul, en six mois et en gardant ce rythme, un individu pourra courir trente à quarante minutes, sans jamais ni forcer ni ressentir d'endolorissement. La course ou l'athlétisme constituent le socle de tous les autres sports – bien courir permet de jouer au football plus facilement, par exemple – mais cet entraînement graduel vaut aussi pour la marche, le vélo, etc. Ce faisant, tout un chacun développe des bénéfices sur son système cardiovasculaire, ses articulations, sa masse musculaire, en plus de tous les bienfaits évoqués précédemment. Je me répète : le sport doit avant tout rester un plaisir et un jeu, ce à tous les âges !

La seule erreur à ne pas commettre, c'est de vouloir en faire plus dès les premières fois.

Une fois ces fondations très installées, on peut alors instaurer ce que l'on appelle le fractionné, c'est-à-dire un temps d'efforts intermittents plus ou moins intenses qui permettent d'améliorer les performances.

Expliciter cela dès le plus jeune âge, c'est inculquer de façon ludique que le corps est une incroyable machine qu'il faut apprendre à utiliser et à construire. On ressent les avantages immédiatement et se crée alors une saine addiction. Plaisir, satisfaction, récompense... le bien-être ressenti est supérieur à celui d'une partie de Candy Crush !

Les premiers résultats d'une étude récente menée par le collectif Pour une France en forme[1] montrent une baisse de la capacité physique des collégiens. En quarante ans ils ont perdu un quart de leurs capacités cardiorespiratoires. Là où ils mettaient trois minutes pour courir 600 mètres autrefois, il leur en faut une de plus aujourd'hui. Point positif, un entraînement fractionné, précisément, permet d'inverser la tendance.

Forts de cet état des lieux préoccupant et à l'heure où notre pays se prépare à accueillir les Jeux Olympiques et Paralympiques, autant intégrer ces paradigmes le plus tôt possible afin de faire de cet instrument un allié pour la vie. Et nul besoin de devenir athlète de haut niveau pour y parvenir.

---

[1] https://pourunefranceenforme.fr/

Chapitre 2

La généralisation des trente minutes de sport par jour va dans le bon sens

Une révolution silencieuse pour de grands bienfaits

Le sport n'est ni plus ni moins qu'une stratégie de même nature que celle que l'on mettrait en place pour atteindre un objectif, financier, entrepreneurial, politique ou autre. De fait, que les ministres des Sports et de l'Éducation nationale et de la Jeunesse, accompagnés d'un groupe de sportifs de haut niveau, aient annoncé la généralisation de ces trente minutes d'activité quotidienne dans les 49 799 établissements du premier degré est de très bon augure. Distinct de l'enseignement de l'Éducation Physique et Sportive (EPS) à proprement parler et même si l'UNSS chapeaute des enfants plus âgés, ce coup de pouce est le bienvenu car il cimente un objectif partagé : à savoir l'épanouissement des élèves, la mise en avant de leur santé et un meilleur apprentissage, tous domaines confondus.

Ceci est d'autant plus fondamental que cela permet d'assimiler au plus tôt les meilleures approches et à l'inverse d'éviter de dégoûter les enfants d'une quelconque pratique. Surtout que l'on n'absorbe jamais rien en forçant. Le primaire est synonyme de découverte du corps et de ses potentialités, sans freins ni idées reçues. On remue, on explore, on s'amuse et ces trente minutes sont l'occasion de découvrir tout cela plus avant.

Solliciter un de ces 150 sportifs de haut niveau afin qu'il aille animer une séance puis échanger avec les élèves est un excellent préalable. D'abord car il promeut les valeurs du sport et plus largement de l'olympisme, ensuite car l'éventail des disciplines représentées – cyclisme, judo, ski, handball, volley, aviron, pétanque, etc. – montre que se dépenser énergétiquement est aussi protéiforme que ludique.

En revanche, il serait opportun de veiller à ce que ce dispositif soit mis en place dans les meilleures conditions. En dépit des « kits sportifs » et des fiches d'enseignements qui ont été distribués aux écoles, une institutrice n'est pas nécessairement formée pour diriger une session sportive…

Reste que semer, le plus tôt possible, l'idée que le sport, loin d'être une contrainte, est au contraire un accélérateur de bonheur et de bien-être, c'est aussi se préoccuper, pour le futur, de la santé mentale des salariés. L'idée peut sembler saugrenue. Il n'empêche. Plus nous sensibiliserons tôt au bien-fondé sport-santé, plus il sera naturel à l'âge adulte et particulièrement dans le monde de l'entreprise. Car si, comme nous l'avons vu, les bienfaits sur les facultés cognitives, la dépression, l'anxiété ou autre sont évidents chez les moins de 18 ans, ils le restent à l'âge adulte et permettent même de prévenir les risques de burn-out, de stress ou de lutter contre les troubles musculo-squelettiques ou du sommeil.

Chapitre 2

Au même titre qu'à l'école ou dans les collèges et lycées, le sport a parfaitement sa place dans l'entreprise et agit même dans son intérêt. À cet égard, il serait opportun d'y développer les « pauses santé », d'y encourager des sessions de découvertes ou de tests de forme, voire, comme c'est le cas avec les trente minutes d'activité quotidienne à l'école, d'inciter les acteurs sportifs et les entreprises à se rapprocher.

Chapitre 3

*« Je ne suis pas la prochaine Usain Bolt
ou la nouvelle Michael Phelps.
Je suis la première Simone Biles. »*
Simone Biles, gymnaste, multimédaillée olympique

La place de la femme dans la société : c'est à l'école que tout se joue

En 1896, lorsque Pierre de Coubertin a relancé le mouvement olympique, aucune épreuve féminine n'était au programme, ni même envisageable. Le baron arguait même du fait que les femmes étaient faites avant tout « pour être les compagnes des hommes, enfanter, et qu'elles devaient être élevées en vue de cet avenir immuable ». De fait, lors de ces premiers JO d'Athènes, elles ont été cantonnées dans un rôle bien défini : remettre des couronnes de laurier aux vainqueurs. Il est bien difficile pour moi aujourd'hui de comprendre cette prise de position sans la remettre dans le contexte de la société française du XIXe siècle.

Chapitre 3

La première participation officielle des femmes aux Jeux olympiques date de 1900. Elles représentaient alors 2 % des athlètes et n'ont pu prendre part qu'à 5 compétitions : le tennis, la voile, le croquet, l'équitation et le golf. Il faudra attendre 2007, soit un siècle plus tard, pour que la charte olympique rende obligatoire la présence des femmes dans tout sport.

L'anecdote du fondateur des JO modernes pourrait prêter à rire, si cet état de fait, en dépit du chemin parcouru, ne portait pas encore en lui les stigmates d'un tel acabit...

Car de Pierre de Coubertin à Alice Milliat (1884-1957), fervente défenseure et *pasionaria* du sport au féminin, son histoire s'est construite sur des fondations très genrées. Et Paris 2024 seront les premiers jeux où la parité sera atteinte parmi les 10 500 athlètes attendus aux 329 épreuves (28 disciplines et 4 additionnelles)[1].

Alors certes, près de 40 % des licenciés à l'UNSS aujourd'hui sont des jeunes filles ; certaines pratiques comme le basket-ball, le badminton, l'escalade, le cross, la natation, le handball, le judo ou le golf ont été précocement investies par des femmes, ce dont nous nous félicitons, mais la route est encore longue. Y compris envers toutes les personnes issues de communautés diverses.

Car d'autres, plus nombreuses, à l'instar du football, de la boxe, du cyclisme ou du rugby par exemple, rencontrent

---

[1] www.paris2024.org/fr/parite/, « Un long chemin vers la parité ».

encore de très fortes résistances à l'encontre des minorités. Force est de constater que les activités où les femmes, par exemple, apparaissent encore très « minoritaires sont celles qui ont été durablement hostiles à leur engagement », relèvent Marie-Carmen Garcia et Cécile Ottogalli-Mazzacavallo[1]. « Comme le football et le rugby (respectivement 7,4 % et 8,4 % de femmes) pour les sports collectifs ou la boxe pour les sports, dits d'opposition. » Sans réelle surprise, relèvent les deux chercheuses, la danse, le patin à glace, la gymnastique ou l'équitation sont très majoritairement accaparés par les licenciées !

Dans ce qui peut s'apparenter à une longue course d'obstacles, il est évident que l'école joue un rôle fondamental. Il est donc nécessaire d'y favoriser un traitement égalitaire pour tous. Tout comme il est important de faire rêver les filles dès leur plus jeune âge à travers ce que les Anglo-Saxons appellent des *role models* : des personnalités auxquelles s'identifier.

Le football aux États-Unis (NDLR, soccer outre-Atlantique) a connu un formidable engouement auprès d'elles car son déploiement à l'école a été proposé très tôt et pris en main par des femmes. Et ce n'est pas parce qu'une catégorie d'hommes s'en désintéressent au motif qu'il s'agirait d'un « sous-sport » qu'il n'est pas emblématique. Une Megan Rapinoe, cocapitaine de l'équipe nationale

[1] « La féminisation du sport : une affaire de petites et jeunes filles ? », *Agora débats/jeunesses*, n°90, 2022, Presses de Sciences Po.

américaine, multimédaillée olympique, vainqueure des Coupes du monde de foot de 2015 et 2019, Ballon d'or féminin la même année, aux plus de 2 millions de *followers* sur les réseaux sociaux, est ainsi devenue une icône, entraînant à sa suite des centaines de milliers de petites filles, désormais en crampons.

Révélateur : le PDG de Nike à l'époque, Mark Parker, se félicitait que « le maillot domicile de l'équipe féminine des États-Unis [soit] devenu celui le plus vendu de tous les temps » sur le site de la marque, suscitant même des ventes exceptionnelles d'équipements spécifiquement adaptés aux femmes. Dans la même veine et pour influencer positivement les jeunes générations, sa coéquipière, l'attaquante Alex Morgan, a lancé une succession de livres destinés aux petites filles, *The Kicks*, décrits comme une suite d'histoires inspirantes à même de développer confiance en soi et travail en équipe et aujourd'hui une série à succès sur les plateformes de streaming.

Cet exemple montre que promouvoir, encourager et développer le sport au féminin est non seulement possible – et souhaitable – mais aussi le fruit d'une volonté et d'une stratégie adaptée.

Le sport féminin connaît une sorte de crise de croissance, en ce sens qu'il cherche à se déployer mais sans utiliser les outils appropriés, voire ceux déjà à disposition. L'une des pistes à explorer, en France, consisterait à mettre plus en avant des sports de « vitrines », autrement dit ceux dans lesquels les femmes excellent. À cet égard, le judo est un exemple plus qu'éloquent. Certes il y a un Teddy Riner que l'on ne présente plus, mais l'Hexagone peut aussi s'enorgueillir d'avoir en ce moment probablement la plus belle équipe féminine de judo de tous les temps, dont la figure de proue est Clarisse Agbegnenou. Un collectif que plusieurs nations nous envient et dont nous pourrions tirer avantage pour diffuser une culture athlétique plus foisonnante et soutenue chez les filles. Condition essentielle pour donner l'envergure qu'il mérite au sport au féminin. Le judo n'est qu'une illustration : toutes les disciplines où les femmes excellent – et elles sont nombreuses – peuvent en tirer parti.

Le sport scolaire au féminin est le reflet d'une société qui accepte toute la diversité et défend des valeurs d'inclusivité, élément non négociable du pacte républicain.

Or, c'est à l'école que tout se joue. Il est donc nécessaire d'y favoriser un traitement égalitaire, incluant également la communauté LGBTQIA+ et toute autre forme de diversité. C'est à cette condition que nous contribuons à bâtir une société qui vit la mixité dans sa chair.

Cet état des lieux déjà plus que perfectible avant la crise sanitaire reste sous tension aujourd'hui. Et malheureusement peut-être même plus à l'approche de Paris 2024. En effet, les chiffres sont têtus. Le sport féminin, notamment, est majoritairement irrigué par les collectivités territoriales. Or celles-ci, pour des raisons stratégiques, ont choisi, ces derniers temps, d'allouer de préférence des budgets à des initiatives en lien avec les Jeux Olympiques et Paralympiques telles que Terre de jeux 2024 – un label destiné à associer les collectivités locales aux JO, quels que soient leurs tailles et leurs moyens, même si elles ne reçoivent pas d'épreuves – ou le passage de la flamme. Ce au détriment du sport féminin. Conséquence : plusieurs clubs, faute de moyens, se sont vus contraints de déposer le bilan, dont trois, en décembre dernier dans une discipline que je connais bien, le handball.

La nature humaine est ainsi faite qu'il y aura toujours une comparaison avec les équipes masculines. Pour autant, cela ne doit pas nous empêcher d'agir. Il y a encore vingt ans, en dehors du football, du Tour de France et de quelques grands-messes internationales, point de salut. Aujourd'hui, grâce à la démultiplication des retransmissions télévisées et à Internet, chacun peut regarder absolument tous les sports auxquels il s'intéresse : équitation, pétanque, ski, basket-ball, ou ping-pong ! Il ne suffit plus de dire : « Promouvons le sport féminin. »

Utilisons les mêmes supports que pour les domaines dits « masculins » et je suis certain que nous pourrons changer les paradigmes. Voire parvenir, grâce à la défense de cette mixité, à normaliser l'émergence d'équipes nationales transgenres.

Chapitre 3

L'égalité n'est pas atavique, elle s'apprend, voire se conquiert

Plus qu'un mot, cela doit être une valeur républicaine transmise à l'école

En préambule, spécifions que toutes les disciplines sont accessibles aux filles ! Pourquoi cette précision ? Car, en dépit des efforts menés sur divers fronts, les stéréotypes de genre ont encore la vie dure. Ainsi plusieurs études effectuées au sein du système scolaire mettent en avant le fait que l'attitude des enseignants varie – encore – selon qu'ils s'adressent à un sexe ou à l'autre. Comme le soulève une des plus récentes, émanant de la Convention interministérielle pour l'égalité entre les filles et les garçons, dans le système éducatif[1] « la manière d'interroger, de donner la parole, de noter, de sanctionner et d'orienter révèle des représentations profondément ancrées sur les compétences supposées des uns ou des autres ».

Acmé du cliché, certains résultats ont démontré qu'en cours de mathématiques par exemple, les enseignants continuent d'interroger et d'interagir verbalement plus souvent avec les garçons que les filles... Même motif, même punition en physique-chimie ou dans d'autres classes, et les cours d'Éducation Physique et Sportive n'échappent pas à ce mécanisme inconscient mais néanmoins prégnant.

---

[1] https://eduscol.education.fr/document/22321/download

Or, l'EPS à l'école se situe au cœur des enjeux de l'égalité entre les filles et les garçons, comme de l'inclusion des membres de la communauté LGBTQIA+. D'une part, parce que c'est dans ce domaine que les inégalités restent encore les plus marquées et que cela s'accentue après l'entrée dans l'adolescence ; d'autre part, car si ces cours sont précisément l'expression d'une réelle dichotomie, c'est donc bien là qu'il faut agir pour gommer au plus tôt ces déséquilibres dans la vie d'un enfant.

On l'a vu, l'activité physique outre ses multiples bienfaits présente un enjeu en termes de santé publique, et parce qu'elle permet aux jeunes de construire leur schéma corporel, elle devient, par voie de fait, un support fondamental pour apprendre l'égalité, notamment à travers la mixité, sous toutes ses formes. Celle-ci encourage dès le plus jeune âge la coopération entre filles et garçons, et tous ceux qui auraient choisi une orientation différente. Mais surtout, son objectif principal est d'amener filles et garçons à s'engager avec plaisir – je ne répéterai jamais assez que la première des satisfactions c'est de chausser ses baskets ! – dans une activité physique, indépendamment des stéréotypes qui peuvent lui être associés. Ce qui compte, c'est que chacun se sente capable d'atteindre les résultats qu'il souhaite, prendre confiance en ses capacités et progresser.

Si la mixité est une condition de l'égalité, elle ne l'implique néanmoins pas forcément *de facto*. Et c'est regrettable. D'ailleurs, dans certains quartiers prioritaires, les *city stades*, pensés initialement pour favoriser pratique et inclusion, ont finalement été investis par les « plus forts » ou les « gros bras » excluant les filles de ces terrains. Pernicieux, donc. Heureusement, certaines associations, à l'instar de Sine qua non qui promeut l'égalité dans l'espace public, sont parties à la conquête de la rue pour que les filles y fassent leur place.

Il est d'autant plus important d'insister sur le sport à l'école, primaire, collège ou lycée, où l'adolescence apparaît comme une période charnière, « en termes de structuration des goûts et des dégoûts dans les pratiques de loisirs. Au contraire des garçons, les filles sont nombreuses à abandonner le sport » pour leur préférer les loisirs culturels, relèvent Marie-Cécile Naves et Sylvie Octobre[1]. Les deux chercheuses notent ainsi que si la pratique reste stable chez les garçons relativement tard, elle baisse de 16 % entre 12 et 17 ans chez les filles.

Une idée erronée voudrait qu'un changement hormonal en soit l'une des raisons. Réducteur et hâtif. Car il ne s'agit pas d'un déficit de motivation. Pour s'en convaincre il suffit de constater l'extraordinaire engouement, année après année, que suscite la lycéenne[2], cette course réservée aux jeunes filles organisée par l'UNSS.

---

[1] Respectivement directrice de recherche à l'Iris (Institut de relations internationales et stratégiques) et spécialiste, notamment, des questions autour du sport et du genre et sociologue spécialisée dans les pratiques culturelles des enfants et adolescents. Lesquelles ont commis un rapport pour le gouvernement intitulé : « Inégalités et différences filles-garçons dans les pratiques sportives et culturelles des enfants et adolescents ».

[2] www.unss.org/lyceenne

Souvent, ce sont les contraintes matérielles et logistiques qui pèsent sur elles : moins de créneaux horaires qui leur sont réservés, absence d'équipes féminines ou, plus prosaïquement, le manque de transport pour se rendre à un entraînement.

Ajoutons à cela le fait que trop couramment, à partir de la classe de seconde, des cours viennent se glisser le mercredi après-midi à l'heure où il devrait y avoir une offre sportive. Et c'est tout à fait regrettable. C'est à ce moment-là que nous perdons beaucoup de jeunes filles. L'UNSS se félicite de compter plus de 40 % d'affiliées mais l'important n'est pas de parvenir à une parité : ce qui compte, c'est d'augmenter le nombre de pratiquantes. Et il est impérieux d'avoir ces discussions rapidement au plus haut niveau. Puisque nous en revenons toujours au problème de la valorisation du sport à l'école...

Afin d'ancrer durablement l'activité physique jusqu'au lycée, particulièrement chez les jeunes filles, et proposer une grande variété de pratiques aptes à encourager mixité et égalité, il faut sensibiliser plus avant les établissements, bien sûr. Mais également tout le biotope entourant les enfants : médecins, éducateurs, associations, sans oublier les parents, souvent premiers prescripteurs ; privilégier des messages neutres ou non discriminants lors des diverses campagnes ; et enfin, lutter contre les poncifs qui voudraient que la danse soit réservée aux unes et la boxe aux autres.

Qu'en penseraient d'ailleurs un Benjamin Millepied ou une Estelle Mossely[1] ?

Décloisonner et bousculer les préjugés

La doxa populaire veut que le sport masculin reste encore l'étalon de mesure

La victoire de Nadia Comăneci, première athlète à obtenir la note parfaite de 10 aux Jeux Olympiques de Montréal en 1976, aurait-elle fait croire à tout jamais que la gymnastique se conjuguerait éternellement au féminin ?

Les années passent et certains stéréotypes demeurent. Leur persistance, selon l'Insee[2], s'explique notamment car une personne sur deux adhérerait encore à l'idée que certaines activités « conviennent mieux aux filles qu'aux garçons. L'activité choisie [...] est souvent fonction des valeurs qu'elle véhicule : grâce, souplesse, agilité pour les filles ; endurance, rapport de force et esprit de compétition pour les garçons. Enfin, pratiquer un sport "masculin" est d'autant plus difficile pour les jeunes filles que cela renvoie à une image non conforme à la norme corporelle féminine ». L'inverse est aussi vrai puisque certains sports jugés trop féminins éloignent les garçons.

---

[1] Benjamin Millepied a été danseur étoile du New York city Ballet et a dirigé l'Opéra de Paris ; Estelle Mossely, médaillée d'or aux JO 2016 et championne du monde.
[2] www.insee.fr/fr/statistiques/3202943#titre-bloc-9

Dans la perspective de lutter contre ces clichés, certains enseignants proposent désormais des activités dites « neutres », non « sexuées » afin de mettre tous les enfants sur un pied d'égalité. C'est un sillon à creuser, comme il faut réfléchir à y intégrer les changements d'identité ou les jeunes atteints de handicaps, mais cela ne résout pas les problèmes.

Avant de réinventer la roue, utilisons ce qui est déjà facilement accessible. Bonne fortune : le système français, quoique perfectible, est d'une richesse infinie, il faut le marteler. L'UNSS en est l'une des figures de proue et sa force est de proposer plusieurs dizaines de disciplines – aux côtés des plus conventionnelles sont mis à disposition CrossFit, escalade, art du cirque, voile, double dutch, aviron, etc. – à travers tout le territoire. C'est énorme. Partons de ce maillage et de ces spécificités locales pour briser toutes idées préconçues. Je ne suggère pas de mettre l'emphase sur le ski dans le Gers, en revanche y pousser le cyclisme, notamment pour les jeunes filles, me semble approprié. C'est faire montre de bon sens, d'intelligence stratégique, sans, fait non négligeable, dépenser d'argent pour construire des infrastructures. Redévelopper certains sports dans des régions propices est un gain d'argent et d'efficacité.

Il serait bénéfique que les instances qui nous coiffent, au premier rang desquelles le CIO (Comité International Olympique), réalisent combien l'arsenal dont nous disposons déjà, jusque dans les plus petites communes rurales, constitue en soi un formidable étai sur lequel prendre appui afin de faire sauter encore plus de préjugés. Il est vrai que cela demande un réel travail de recensement de ce qui existe au niveau régional et, par voie de conséquence, exige de réunir toutes les données afin de pouvoir les traiter. Pour autant, ce travail, si méticuleux soit-il, est une véritable arme de décloisonnement. L'une des conditions pour transformer le sport français, qui en a toutes les capacités, est que le CIO prenne toute sa place et s'empare légitimement de ces dossiers.

Par ailleurs, comme plusieurs associations le proposent déjà, il faut appuyer la création d'équipes mixtes quand c'est possible. Dans le handball à 4, d'ailleurs, une équipe constituée donc de 2 filles et 2 garçons, il est intéressant de constater combien cela améliore la technique puisque leurs aptitudes sont différentes. Une équation à somme positive, en quelque sorte.

Heureusement, certaines athlètes jouent comme autant de fers de lance pour mener la vie dure aux clichés. À l'image d'une Marie-José Perec, qui lorsqu'elle a remporté ses deux médailles d'or aux JO d'Atlanta a indubitablement, par sa technique incroyable, inspiré beaucoup d'hommes en athlétisme comme elle a fait évoluer la façon de le pratiquer. Nombreux sont ceux qui s'en sont inspirés et elle a largement porté son sport à son meilleur niveau, tous sexes confondus.

Par ailleurs, certains sports, à commencer par le tennis, font naître la promesse d'un avenir plus juste. S'il fait encore figure d'exception, il montre néanmoins qu'une stratégie de sa fédération internationale, bien articulée, porte ses fruits. Premier sport à avoir été ouvert aux femmes lors des Jeux Olympiques de 1900, peut-être a-t-il bénéficié d'un siècle de représentations pour s'ancrer dans l'inconscient collectif ? Il n'empêche. Le tennis illustre parfaitement l'idée qu'aucune pratique n'est l'apanage d'un sexe ou de l'autre. D'ailleurs et c'est symptomatique, les hommes du monde entier peuvent citer, à coup sûr, les noms des grandes championnes telles que Chris Evert lloyd, Martina Navratilova, Steffi Graff ou Monica Seles.

En 2016, le champion Novak Djokovic avait suscité une vaine polémique en affirmant que les hommes devaient gagner plus d'argent sur les courts. Las. Aujourd'hui non seulement Serena Williams attire autant de spectateurs dans les gradins que Rafael Nadal, mais elle est la première femme sportive à être devenue milliardaire ! D'ailleurs, sur les cinq grands chelems les mieux primés, les hommes et femmes perçoivent dorénavant les mêmes sommes. Rappelons à cet effet que le Gouvernement français donne pour chaque médaille olympique la même prime pour les hommes, pour les femmes, qu'ils ou elles soient athlètes olympiques ou paralympiques.

L'exemplarité du tennis peut être dupliquée, dans le golf notamment – qui représente une économie très importante aux États-Unis – mais pas seulement. Gageons que d'autres disciplines s'engageront sûrement sur la même voie. C'est une simple question de stratégie en amont et... de temps.

Enfin, n'oublions pas que perpétuer ces caricatures empêche d'avancer. En se trompant de débat nous nous privons de la possibilité de voir émerger plus de championnes tricolores, toutes pratiques confondues.

Accélérer la féminisation et la diversité des instances

C'est à ce prix que l'on obtiendra une vraie prise de conscience sur les enjeux d'égalité

Afin que l'égalité sur le terrain ou la visibilité soit encore plus manifeste, les progrès déjà réalisés doivent être confortés et l'amorce de dynamique vertueuse, maintenue.

Pour ce faire, il est impératif d'avoir le plus de femmes et de sportifs issus de toutes les diversités possibles à la tête des fédérations et autres instances dirigeantes du sport.

Ces dernières années, avec le soutien du ministère chargé des Sports et de l'Agence nationale du sport, les femmes ont été mieux accompagnées vers des responsabilités électives et des fonctions d'encadrement technique, rémunérées ou non.

Ainsi, en octobre 2022, elles étaient 17 à présider une des 109 fédérations, et l'on dénombrait 17 directeurs techniques nationaux féminins parmi elles. C'est peu, mais le mouvement est en marche.

Et devrait s'accélérer grâce à la loi « démocratiser le sport », promulguée le 2 mars 2022, portée et défendue à l'origine par l'ancienne ministre des Sports Roxana Maracineanu. Celle-ci contraint les fédérations nationales à compter de 2024 – et de janvier 2028 pour les organes régionaux – au respect d'une stricte parité lors du renouvellement de leurs instances dirigeantes. Dans un contexte marqué par plusieurs crises de gouvernance au sein de certaines fédérations, et même si l'on peut déplorer d'être obligés de légiférer, il est important de renforcer les garde-fous.

Nul doute que les prochaines années verront plus de femmes prendre la tête des grandes fédérations. Avant cela, il serait utile d'en placer dans les organes régionaux. Car ce sont ces entités qui votent d'abord au niveau local, puis départemental, régional et enfin à l'échelle nationale. Le modèle est calqué sur celui du monde politique. Le désintérêt pour les postes locaux est tout à fait regrettable car, d'une part, il est plus facile de s'en emparer, d'autre part c'est une première marche pour briguer ensuite des mandats nationaux. Vouloir se placer immédiatement au niveau national est évidemment possible, mais peut s'avérer plus difficile.

Dans le handball par exemple, sport qui se pratique aussi bien au féminin qu'au masculin je le rappelle, jusqu'à présent 50 % des votants étaient les 13 présidents de ligues parmi lesquels une seule femme... L'autre moitié des électeurs était constituée des présidents de comités où les femmes sont loin d'être majoritaires. Dans un tel contexte, au moment d'élire un président de fédération, et compte tenu des statuts des organisations sportives, comment imaginer qu'une femme puisse être élue, ou à tout le moins avoir les mêmes chances de l'être ?

Voilà pourquoi il faut à mon sens viser aussi ces fonctions dans les territoires, à la base de chaque organisation, pour faire évoluer les paradigmes. Et je précise que ce n'est pas les rabaisser que d'énoncer cela, puisqu'il s'agit du même parcours emprunté par les hommes, lesquels atteignent ensuite les plus hautes instances dirigeantes.

De même, éviter que les fédérations ne donnent la part belle aux grands électeurs[1], censés représenter les régions et départements, serait judicieux. D'autant que cela pourrait s'apparenter à une forme de lobbying et favoriser les présidents sortants.

Quoi qu'il en soit, l'exercice du pouvoir s'apprend. Je m'insurge contre l'idée de mettre un sportif à la tête d'une organisation, quelle qu'elle soit. La charge est différente de celle attendue sur un terrain de jeu, peu importe lequel. Il faut des compétences précises pour établir une stratégie, prendre des décisions budgétaires ou encore interagir avec un conseil d'administration. Des codes régissent l'exercice politique du sport et peut-être devrions-nous renforcer encore la formation dédiée à la gouvernance du sport.

---

[1] « Les femmes toujours sous-représentées à la présidence des fédérations sportives », *Le Monde*, 29 avril 2021.

Je l'appelle de mes vœux, et estime qu'elle pourrait même être créée au sein du CNOSF (Comité National Olympique et Sportif Français), présidé alors par Brigitte Henriques, première femme présidente élue à ce poste d'ailleurs.

ÉCLAIRAGE

Les sportives de haut niveau ont besoin de plus de reconnaissance médiatique

Médiatiser les compétitions féminines constitue, pour les acteurs de la filière, un instrument à utiliser plus souvent. L'enjeu est d'inspirer les petites filles à travers des modèles puis les inciter à s'inscrire dans l'association sportive de leur choix. Néanmoins, si les chiffres progressent, ils sont encore très faibles. Selon une étude menée en janvier 2023 par l'Arcom (l'Autorité de régulation de la communication audiovisuelle et numérique, ex-CSA)[1] sur la médiatisation du sport féminin, le volume des retransmissions sportives féminines sur les chaînes françaises est passé de 3,6 % en 2018 à 4,21 % en 2021.

En raison de la Coupe du monde féminine de football en 2019, un « pic » à 6,4 % a toutefois été enregistré et le quart de finale entre la France et les

[1] www.francetvinfo.fr/sports/mediatisation-du-sport-feminin-malgre-une-progression-le-temps-d-antenne-des-competitions-feminines-reste-tres-faible_5618741.html

États-Unis a rassemblé près de 12 millions de téléspectateurs. Un record.

Un sondage Odoxa[1] de 2019 montre d'ailleurs une demande croissante du public de voir plus de sport féminin sur les écrans. Pourtant, à en juger par les chiffres, l'industrie médiatique semble ne pas souscrire à cette envie. « Or moins un sport est visible, moins il est facile de le vendre, d'attirer sponsors et spectateurs ainsi que de développer du merchandising autour d'une équipe ou d'une athlète », relève Aurélie Lienhart, associée du cabinet In & Sport[2].

Ajoutons à cela que les sportives de haut niveau subissent encore le diktat de la beauté physique, devenu un critère de visibilité et donc de performance. Comme le souligne Sandy Montanola, maîtresse de conférences à l'université Rennes 1 et spécialisée dans les questions de sport, de genre et de médias, elles ont, de fait, « anticipé que les sponsors attendent d'elles des représentations sociales assez stéréotypées ». Sous peine de ne pas trouver de mécènes et, partant, de ne pas avoir les ressources financières nécessaires pour prendre part aux compétitions.

---

[1] www.odoxa.fr/sondage/pratique-sportive-des-femmes-legalite-reelle-nest-pas-encore-atteinte/
[2] « Le sport féminin toujours en quête d'une meilleure médiatisation », *Le Figaro*, 8 mars 2022.

Chapitre 3

La place des femmes dans les instances dirigeantes sportives, leur médiatisation, la promotion du sport au féminin, leur représentation auprès du grand public, leurs soutiens financiers... sont autant de sujets cruciaux qui permettent non seulement d'ancrer la pratique féminine dans les usages mais aussi d'inciter de plus en plus de jeunes à s'y mettre.

Chapitre 4

Tous « les maîtres d'école sont des jardiniers en intelligence humaine ».

Victor Hugo

Les professeurs d'EPS, une très grande fierté française

Battre en brèche cette opposition tenace entre corps et esprit, brouiller cette allégorie contemptrice d'un professeur d'EPS (Éducation Physique et Sportive) en survêtement, sifflet en bouche et chronomètre à la main, déconstruire l'idée que le sport n'est pas une vraie matière... « Le corps ne serait, selon l'image gréco-classique, qu'une prison de chair dans laquelle le merveilleux esprit serait logé », se moquait le facétieux Michel Serres, dans un ouvrage paru après sa mort[1]. « Le corps est selon moi beaucoup plus

[1] Michel Serres, *Mes profs de gym m'ont appris à penser*, Cherche Midi, 2020, p. 89.

intelligent, il est vraiment un logiciel sur lequel on peut programmer toutes sortes de choses. »

Les directives de l'Éducation nationale sont d'ailleurs claires : les apprentissages fondamentaux reposent sur quatre piliers : lire, écrire, compter... bouger.

Contrairement, encore une fois, à cette croyance populaire qui colle aux professeurs d'éducation physique comme un vieux sparadrap, ils ont même bénéficié « d'une sorte d'élite pédagogique qui a très tôt réfléchi sur la place du corps et du sport dans la formation de la personne », souligne Philippe Meirieu, dans un récent ouvrage[1]. « On ne peut pas dire qu'il y a de vrais débats intellectuels sur le sens de l'enseignement de la physique, par exemple, alors qu'en EPS si, un peu vifs, même, entre des gens de très haut niveau. »

« Tout ça pour [encore] se faire appeler le prof de ballon... » comme s'en faisait l'écho avec humour le quotidien *L'Équipe* dans une enquête circonstanciée consacrée à ce drôle de désamour[2].

Malgré la qualité, le nombre et le dévouement des enseignants d'EPS en France, leurs cours sont trop souvent perçus comme des contraintes. Si selon une grande enquête menée en 2022 par le syndicat majoritaire de l'Éducation Physique

[1] Philippe Meirieu et Abdennour Bidar, *Grandir en humanité. Libres propos sur l'école et l'éducation*, Autrement, 256 p.
[2] « Les profs d'EPS mal considérés historiquement mais de mieux en mieux adaptés à leurs élèves », *L'Équipe*, 23 septembre 2022.

et Sportive (SNEP-FSU)[1], les parents d'élèves estiment que cette matière est essentielle à 55,7 % et pensent qu'elle n'est pas assez reconnue à près de 63 %. Malgré cette croyance tenace qu'un 20 sur 20 en mathématiques a plus de valeur...

Ce même sondage souligne que 89,6 % des élèves disent aimer l'EPS, et plus de 60 % la classent même parmi leurs matières préférées. Ensuite, même si le nombre d'heures varie en fonction du cycle, il s'agit finalement du seul enseignement qu'un élève va suivre avec constance et régularité tout au long de sa scolarité.

Enfin, l'on oublie un peu rapidement que le bagage universitaire des professeurs d'EPS est complet, loin de se limiter aux seules aptitudes physiques. Ce qui leur confère les compétences idoines pour détecter d'éventuelles défaillances sur l'état physique, psychique ou mental d'un enfant.

L'une des choses qui m'a procuré beaucoup de satisfaction lorsque j'ai pris la tête de l'UNSS, c'est de constater combien notre modèle, cet extraordinaire vivier de professeurs d'EPS, leur implication comme leur érudition, nous sont enviés à l'international. Et que beaucoup de pays souhaitent s'en inspirer.

Passionnés mais pas suffisamment valorisés, ils constituent, néanmoins, un rouage essentiel de l'Éducation

[1] https://lesite.snepfsu.fr/agir/agir-dans-letablissement/enquete-xxl-sur-leps-plus-de-51-000-reponses/

nationale, attachés qu'ils sont à développer des qualités cruciales pour l'avenir des élèves.

Revaloriser cette profession

Haut degré de qualification et implication citoyenne

Il est curieux de noter « à quel point l'image d'une EPS dépréciée traverse avec récurrence la trajectoire de cette discipline scolaire », relève un article[1] coécrit par plusieurs agrégés, professeurs et autres doctorants en éducation physique de l'université Grenoble-Alpes.

Et pour cause. Nombreux sont ceux qui pensent encore que, puisqu'ils se limitent « à déplacer des plots et des ballons » dans une cour de récréation, ces professeurs « en jogging » n'ont pas de bagage universitaire. Faux, archifaux. Ils sont même plutôt mieux préparés que d'autres tant leur formation est non seulement pluridisciplinaire, mais très spécifique, grâce à un parcours distinct : sciences et techniques des activités physiques et sportives (Staps), durant trois ans, avant d'entamer deux ans de master autour des métiers de l'enseignement, de l'éducation et de la formation (MEEF). Outre le sport, bien sûr, seront développées au cours de ces années des compétences en diététique, psychologie, mathématiques,

[1] « L'éducation physique et sportive, discipline mal aimée des élèves ? », *The Conversation*, 30 mai 2021.

sciences humaines, management du sport ou d'évènements sportifs, etc.

En substance, ces « enseignants, professeurs des écoles ou professeurs d'Éducation Physique et Sportive, ont un haut degré de qualification (master). Les compétences dont ils disposent, qui ont été validées par la réussite à un concours national, leur permettent d'avoir des connaissances approfondies des activités sportives, de leurs effets positifs et de leurs risques, du développement de l'enfant dans tous les domaines (biologiques, physiques, psychiques et mentaux)[1] », synthétisent plusieurs auteurs dans cette tribune. En somme, toutes ces dispositions rendent les professeurs d'éducation physique capables d'intégrer parfaitement le sport dans le cadre plus « rigide » des autres matières, dites « régaliennes », en prenant en compte le socle commun de connaissances, mais en y ajoutant une autre dimension, tournée autour d'aspects plus psychologiques ou de la connaissance de différents profils d'élèves. Ce dont sont dépourvus les encadrants dans les associations sportives par exemple.

Ils ont, en fait, une vision holistique des jeunes, ce qui fait d'eux des pédagogues de premier choix. Comme ils sont indispensables dans la transmission de valeurs civiques, pourtant plus difficiles à « travailler » au sein de classes « classiques » comme la solidarité, l'entraide, le partage ou l'inclusion. Ceci, nous le constatons tous les jours à l'UNSS

[1] « Le sport mérite-t-il encore d'être enseigné à l'école ? », *Le Monde*, tribune collective, 27 juin 2020.

à travers le sport partagé qui réunit, dans une même équipe, enfants valides et handicapés.

Les bénéfices sont immenses pour les deux parties. Je me souviens de ce jeune, assez problématique, et très réticent à l'idée de se lancer dans un cross partagé avec deux coéquipiers déficients. Non seulement tout le monde a franchi la ligne d'arrivée avec le sourire, mais cela l'a transformé durablement, lui qui s'est senti soudainement utile et, fort de cette nouvelle vision de lui-même, a poursuivi sa scolarité avec plus de confiance en lui.

De la même façon, nous proposons aux élèves valides la possibilité de pratiquer du sport en fauteuil, et ils le font, heureux de changer de perspectives.

Le prix Ethic'Action, qui mêle sport et action éthique et engage professeurs et établissements, s'inscrit dans la même volonté d'utiliser le sport scolaire comme vecteur de valeurs républicaines et inclusives. Autour de thèmes variés, les élèves réfléchissent à des projets qui font du bien à la société dans le cadre de l'EPS, lesquels sont récompensés ensuite à l'Assemblée nationale sous l'égide d'une quinzaine de sportifs de haut niveau. C'est important d'un point de vue éducatif, cela va de soi, mais également du point de vue de la symbolique : ces enfants, qui pour beaucoup ne sont jamais venus à Paris et encore moins dans un lieu aussi emblématique, réalisent qu'ils y ont toute leur place et qu'ils peuvent agir en tant que citoyens.

Cela semblera surprenant à certaines cassandres, mais toujours sous l'égide des professeurs d'EPS, nous proposons une activité théâtre-forum, en partenariat avec le Djamel Comedy club. Celle-ci, grâce à des spectacles interactifs, incluant de l'improvisation, questionne essentiellement sur la notion de vivre-ensemble.

Outre le fait que ces actions sont valorisantes pour les enfants, elles renforcent leur ancrage dans la société et leur donnent indéniablement des clés pour changer la société de demain.

À l'heure où le sport-santé est un enjeu national, les professeurs d'EPS sont des sentinelles

Ils garantissent aussi l'accès à une culture diversifiée et mixte

Nul besoin de revenir sur les dégâts engendrés sur la santé physique des enfants depuis la crise sanitaire, mais également eu égard à leur utilisation des écrans : nous avons déjà étayé cette préoccupation précédemment.

Ce qui est nécessaire de développer, à ce point de la réflexion, c'est le rôle déterminant que jouent les professeurs d'EPS dans la détection de carences de toutes natures.

« Outre leurs niveaux de ressources sociales et scolaires, les données collectées font ressortir les spécificités des dispositions pédagogiques et sportives dont sont porteurs les enseignants en EPS », précise Stéphan Mierzejewski[1]. « Cela se traduit par la mise en avant de la relation avec les élèves et du potentiel éducatif des pratiques corporelles, là où d'autres enseignants tendent à situer leur raison d'être professionnelle avant tout dans la transmission de savoirs disciplinaires tenus pour universels. »

De fait, voyant l'enfant se mouvoir, être à l'aise ou non avec une forme de motricité, prendre du plaisir, s'insérer facilement dans un collectif, participer avec entrain à une activité... sont autant d'indicateurs clés, à même de livrer un diagnostic global sur son état de santé physique et mentale. Ils sont d'ailleurs les seuls, parmi le corps enseignant, à avoir une formation en sciences humaines et sociales, en psychologie de l'enfant, en sociologie de l'enfant et des adolescents et à travailler de manière approfondie sur la didactique et la pédagogie. Tout cela, selon Philippe Meirieu, spécialiste en sciences de l'éducation et en pédagogie, donne des enseignants « très créatifs et novateurs », explique-t-il dans une série d'interviews sur la mission fondamentale des professeurs d'EPS.[2]

Comme des vigies attentives, ces enseignants sont donc à même de détecter des manquements, une prise de poids

---

[1] « Vous avez dit profs de gym ? », www.cairn.info/revue-societes-contemporaines-2016-1-page-63.htm

[2] www.youtube.com/watch?v=8EbgxZslOmI&t=2s&ab_channel=Actibloom

ou une apathie anormale, et les signaler le cas échéant. Mais pas seulement. Puisqu'ils voient les élèves toute l'année ainsi que les mercredis après-midi au sein des associations sportives (AS), ils perçoivent, *a contrario*, des compétences ou capacités passées inaperçues dans d'autres matières. En effet, le fait que l'UNSS ait une offre sportive aussi large permet de déceler une foultitude d'expertises qui ne le seraient pas autrement.

Le sport n'est pas que synonyme de dépense énergétique, devons-nous le rappeler ? C'est aussi le révélateur d'une vision ou d'une intelligence stratégique. Autant de qualités qui peuvent servir par ailleurs, notamment en organisation ou management du sport. Il est fréquent de découvrir des vrai(e)s chef(fe)s de bande, faisant montre très tôt d'une réelle capacité à diriger et fédérer. Les cours d'EPS sont presque comparables à une République ou une société miniatures, où l'on peut rencontrer et observer de près toutes les facettes d'une personnalité.

Autant d'atouts ou de signaux faibles qui, s'ils sont pris dès l'école, peuvent être encouragés ou rectifiés, selon les besoins. Un avantage et un gain de temps précieux pour le reste de leur vie. Et qui n'auraient peut-être pas été perçus dans un cours de Français ou de Physique, où le savoir se transmet « en descendant ».

Leur importance est d'autant plus prégnante qu'ils ont « une sensibilité pédagogique très grande », ajoute Philippe Meirieu, et à force d'être sollicités pour toutes les sorties scolaires, ils développent une proximité avec les élèves que d'autres professeurs n'ont pas, lesquelles, on le sait, sont plus propices aux confidences.

Une sensibilité pédagogique singulière, donc, qui se nourrit également d'appétences singulières. Tel enseignant préférera une approche classique du sport à travers des disciplines très ancrées comme le rugby ou l'athlétisme, quand d'autres iront explorer des territoires innovants comme le yoga ou le hip-hop. Dans ce cas précis, il est fabuleux de constater que depuis ses origines new-yorkaises, sa large diffusion dans les rues, cette pratique, à la réputation un temps sulfureuse, fait désormais son entrée aux Jeux Olympiques en 2024. À la croisée de la culture – même si elle vient de la rue – et du sport, elle nous permet d'établir encore plus de ponts avec l'expression artistique au sens large. Les élèves bâtissent ainsi une culture personnelle enrichie, cohérente avec leurs aspirations, en bénéficiant d'un encadrement structuré *via* l'EPS et s'ouvrent à des milieux artistiques. En tant que sportif de haut niveau, j'étais absolument fasciné par la puissance de l'expression corporelle qui en émane. Ces jeunes filles, notamment, vues au carreau du temple (NDLR, lieu culturel et sportif dédié aux modes de vies et nouveaux usages urbains), exprimaient une force incommensurable à travers leurs mouvements, ce dont je ne pense pas être capable ! Si certains adolescents peuvent peiner à s'exprimer à l'oral, témoigner d'un trop-plein de violence, ce sport, et il en existe d'autres aux effets cathartiques, m'a clairement montré qu'il offrait un moyen d'expression aussi fort et éloquent.

Et c'est la beauté de l'Éducation Physique et Sportive : offrir à des élèves issus de classes populaires la possibilité d'accéder à une autre culture artistique, de vivre des expériences hors normes et, partant, des émotions collectives très riches.

Tout cela permettant d'atteindre un but précieux : leur épanouissement dans un climat scolaire serein. Car on le sait, les établissements dotés d'associations sportives qui fonctionnent bien sont réputés pour leur bonne ambiance.

Une exceptionnelle force vive de 37 000 enseignants

Et pourtant sous ou mal utilisée

En accédant à la tête de l'UNSS, j'ai eu l'impression, fugace, d'être au pied d'une montagne. Mais, très vite, j'ai su pouvoir compter sur cette extraordinaire force vive pour développer et pérenniser le sport à l'école : à savoir les 37 000 enseignants ainsi que les chefs d'établissements qui sont présidents d'associations sportives ou les directeurs régionaux et départementaux de l'UNSS.

Grâce à eux, un enfant sur cinq en France pratique un sport à l'école et *via* les associations sportives. Le maillage territorial est exceptionnel, incluant des zones rurales très reculées, l'offre extrêmement riche, nous l'avons évoqué, avec des disciplines qui s'adaptent aux cultures régionales – comme le surf ou le rugby dans les Pyrénées-Atlantiques ou le ski et l'escalade dans les deux Savoie, pour ne citer qu'elles –, et année après année cette partie du corps enseignant fournit des trésors d'imagination pour étoffer son offre avec des activités circassiennes, l'ultimate (un sport de passe avec un disque en mousse), voire l'apprentissage du golf grâce à des kits adaptés, entre autres choses.

Grâce à eux encore, d'une vision militaire du sport telle que pratiquée au XIXe siècle et au début du XXe siècle, puis hygiéniste dans les années 1950-1960, ils ont introduit depuis quelques décennies la notion de plaisir et de corrélation entre sport et esprit, le tout en jetant les bases solides de l'apprentissage de la confiance ou du dépassement de soi.

Le sport scolaire est le principal, si ce n'est le premier poste de dépense de l'État en matière sportive puisqu'il mobilise 6,7 milliards d'euros dont une très grande majorité est allouée à la masse salariale des professeurs d'EPS selon le dernier rapport de l'Observatoire du sport de la BPCE en janvier 2023. Il concerne près de 6 millions d'élèves.

Et pourtant, la Cour des comptes pointait déjà ce problème en 2019, à savoir que l'apprentissage des disciplines sportives était encore insuffisant alors même que la France figure parmi les pays où le temps d'instruction consacré à l'éducation physique est l'un des plus élevés. La raison ?

Un manque de « stratégie de développement de la pratique sportive à l'école [...] tandis que les interventions de l'État et des collectivités territoriales ne sont pas suffisamment coordonnées », souligne ce rapport[1].

Sur ces chiffres, il faut souligner que le premier financeur du sport dans l'Hexagone n'est autre que les collectivités territoriales. Équipements, aide aux associations, sport scolaire, « leur contribution, détaille BPCE L'Observatoire, est estimée à 12,5 milliards d'euros, soit près du double du budget de l'État dans le sport, Éducation nationale incluse ».

Pour les communes, il s'agit du deuxième poste de dépense après l'éducation, le sport étant considéré comme une priorité par les élus... Vecteur de cohésion locale, d'inclusion, de rayonnement économique, il travaille en étroite coopération avec le monde associatif qui incarne LE modèle par excellence, accessible à toutes les bourses.

Une licence annuelle, *via* l'UNSS, coûte en moyenne 20 euros. En dépit de l'inflation, et soutenus par l'État, nous n'avons pas augmenté nos tarifs. Cela n'a pas de prix, sans jeu de mots, pour les parents. Surtout en ce moment avec la baisse du pouvoir d'achat sachant que le sport et les loisirs sont, dans ces circonstances, toujours des variables d'ajustement.

---

[1] www.ccomptes.fr/fr/publications/lecole-et-le-sport-une-ambition-concretiser

Mais ce système est mis en péril. Lors de l'obtention des JO de Paris, l'objectif était de profiter de cet effet de levier pour monter à 3 millions de licenciés en plus. Non seulement cet objectif sera très difficile à tenir, mais les chiffres actuels sont plutôt alarmants tant la baisse est palpable. Entre 1950 (2 millions) et 2017 (16 millions), le nombre de licenciés n'a fait que suivre une courbe ascendante, depuis la crise sanitaire, c'est l'inverse.

Le phénomène d'érosion existait déjà avant la pandémie, mais celle-ci a joué comme un accélérateur. Conséquence : le sport associatif à l'heure actuelle a perdu près d'un quart (22 %) de ses adhérents. Nouvelles attentes, nouvelles pratiques aussi – notamment le sport « sauvage », c'est-à-dire sans encadrement ou sur Internet –, démotivation, ce sombre tableau est à mettre en corrélation avec les surcoûts, dus à l'inflation, attendus sur les dépenses sportives des collectivités. La BPCE les estime à 1,5 milliard d'euros supplémentaires induits notamment par l'envol des prix énergétiques à plus de 840 millions d'euros en 2022…

Comme pour le sport au féminin, évoqué précédemment, nous devons mener une réflexion collective. Celle-ci implique de se pencher, dans le détail, sur les données dans nos territoires, de lister quels sont les sports pratiqués, d'identifier les équipements, les associations pour une meilleure répartition des sports possibles à pratiquer localement, et conséquemment d'optimiser les dépenses.

C'est ce travail que nous, UNSS, en partenariat avec les collectivités locales, devons effectuer pour rationaliser les financements. Cela ne sert à rien de saupoudrer inutilement. À l'instar du CovidTracker créé lors de la pandémie, je pense qu'il nous faudrait un outil statistique global des installations, à même d'améliorer l'existant et qui est remarquable.

L'engagement du sport n'est plus celui que j'ai connu dans le passé. C'est flagrant, les chiffres en baisse en témoignent, malheureusement. Or conscient de ma place, c'est-à-dire sur le terrain, mais partageant la vision du président de la République, qui est de faire de la France une nation sportive, je souhaite jouer mon rôle de trait d'union pour parvenir à ce but. Nous en sommes plus que capables, j'en suis convaincu. Il existe, bien sûr, des paradigmes de temps, économiques et politiques (pour combien de temps les élus sont là), soit autant d'éléments dont il faut tenir compte, pour parvenir au dénominateur commun qui convient à tout le monde.

Tous ensemble du plus haut sommet de l'État en passant par les professeurs d'EPS jusqu'aux bénévoles dans les clubs fédérés, des départements aux mairies de villes et villages, nous pouvons diagnostiquer l'état du sport en France, quelles sont les forces existantes, et réfléchir à son avenir, se mettre au service de cette cause importante, sans dépenser d'argent. Il est primordial de préserver ce tissu territorial car les enfants issus des AS sont ceux qui ensuite poursuivront dans le supérieur et continueront de dynamiser le monde associatif.

Dans ce contexte, les professeurs d'EPS sont un maillon essentiel de ce dispositif car ils sont le gage que le sport scolaire continue d'être arrimé au sport français en général, et qu'il reste, comme l'air, accessible à tous.

Une courroie de transmission indispensable vers le sport universitaire

Et le gage d'un patrimoine sportif entretenu tout au long de la vie

« L'EPS est le lieu où les élèves peuvent oser, se tester, expérimenter, éprouver, mener à bien des projets artistiques et sportifs, autant d'expériences d'apprentissages qui doivent leur donner envie de continuer à avoir une pratique ultérieure », insiste Sarah Pochon, maîtresse de conférences en Staps[1]. Moins sportifs, moins actifs que par le passé, les jeunes prépareraient leurs futurs infarctus, entend-on ici ou là. Vrai ou faux, il n'en reste pas moins qu'il convient d'ancrer, urgemment, les bonnes habitudes liées au sport – et la notion de plaisir y afférente.

L'ensemble des pratiques proposées, l'éducation mise en place dès le primaire, le périscolaire... sont autant de possibilités pour les jeunes de procéder à des choix sportifs

[1] « Éducation : il est temps de redonner à l'EPS la place qu'elle mérite dans l'emploi du temps des élèves », *Le Monde*, 26 février 2023.

et de poser des actes « et les moyens de pratiquer une activité physique tout au long de la vie pour garantir un habitus santé », écrivent conjointement plusieurs spécialistes[1]. Cet habitus, popularisé par Bourdieu et qui en sociologie désigne une manière d'être, une disposition d'esprit.

Dans ce contexte, c'est moins la performance qui prévaut mais plutôt l'apprentissage de la coordination et la maîtrise de son corps. Cette « capacité à sortir du corps primaire », écrivait le psychanalyste Jacques Levine. Autrement dit, habiter son corps avec une pensée, voire une stratégie – nécessaire au sport collectif par exemple –, une intention, et en le canalisant. Une excellente façon de ne pas céder à une forme d'agitation désordonnée, notamment. L'EPS a cette capacité à emmener les enfants vers une conscience positive et maîtrisée de leur corps, ce qui est fondamental eu égard aux nombreux stimuli auxquels ils sont soumis.

Et le plus tôt c'est intégré, le plus certainement cette habitude se prolongera à l'âge adulte. Car on le sait, le risque c'est le manque de pratique sportive chez les jeunes, mais aussi l'abandon progressif qui survient à partir de la sixième jusqu'à la fin du lycée. Les raisons invoquées sont multiples : poids du travail scolaire, les amis qui arrêtent, l'aspect trop sérieux des cours... la liste est longue. Or les professeurs d'EPS jouent un rôle clé dans cette transition qui s'opère entre le primaire et le collège en apprenant l'autonomie

[1] « Pour une éducation physique populaire de qualité », *Libération*, tribune par Fabrice Paindavoine, Association pour l'enseignement de l'EPS, Philippe Meirieu et Véronique Moreira, Union sportive de l'enseignement du premier degré, 12 mars 2022.

aux élèves par exemple. Ce sont de précieuses courroies de transmission. Et un atout capital pour emmener ces enfants vers le sport universitaire puisqu'à tout âge le sport est synonyme d'exutoire indispensable. L'un des enjeux majeurs en matière de sport, on l'a compris, est de lutter contre le décrochage sportif[1], or ces professeurs d'éducation physique sont les garants d'une pratique « plaisir » et durable. Il est donc primordial de les mettre au centre des discussions.

---

[1] « Les jeux olympiques de 2024 suffiront-ils à redonner le goût du sport aux jeunes ? », *The Conversation*, 3 janvier 2023.

Chapitre 5

« L'éducation est une arme puissante
pour [...] transcender les différences,
et le sport est une source d'inspiration,
de dépassement, de tolérance
et d'apprentissage du respect.
Ces deux éléments participent à créer
une société plus juste et fraternelle. »

Nelson Mandela

La grandeur sportive de la France prend sa source à l'école

Nous sommes une vraie nation sportive, à tous égards, qu'on se le dise. Certains esprits chagrins voudraient arguer du contraire (la dépréciation étant un sport dans lequel les Français excellent !) et pourtant nos atouts sont pléthoriques. À la veille d'accueillir le plus grand évènement sportif au monde, alors que notre nation va devenir, le temps de ces Jeux Olympiques et Paralympiques, une vitrine scrutée jusqu'aux confins du globe, il est bon de rappeler que le sport, de par son nombre de pratiquants, son financement, et ses performances, est l'un des piliers de notre nation.

Chapitre 5

L'Hexagone, conscient des enjeux liés au fait d'encourager une nation sportive, pour des raisons de santé publique mais aussi éthiques et philosophiques – nous restons le pays des lumières ! –, arrive en deuxième position au sein de l'Union européenne en termes de dépenses[1] : son financement annuel se monte à près de 40 milliards d'euros, avec un apport public, une part croissante des dépenses privées et enfin une allocation spécifique pour certains grands évènements.

Dans ce contexte, le sport scolaire à la française est un modèle unique au monde. L'un des rares, pour ne pas dire le seul, où l'on peut s'adonner à une centaine de disciplines près de chez soi. Il permet, en outre, aux élèves de s'investir très jeunes dans la vie sportive de leur établissement, dans la pratique elle-même, bien sûr, mais également d'explorer l'arbitrage, l'encadrement, l'organisation de rencontres, et de se frotter au leadership. La gageure est aujourd'hui d'assurer la continuité entre le sport scolaire et l'universitaire, tout comme il nous faut créer le plus de passerelles possible vers le monde du sport professionnel. C'est à cette condition, puisque nous avons un réseau exceptionnel, que nous nous assurerons de bien détecter tous les talents.

La France occupe le deuxième rang mondial selon le classement du WRCES (*World Ranking of Countries in Elite Sports*), un index qui évalue les 206 nations dotées d'un comité national olympique. Ce, juste derrière les États-Unis.

---

[1] www.vie-publique.fr/eclairage/274760-qui-finance-le-sport-en-france

Pas si mal ? Basée sur des travaux scientifiques internationalement reconnus, le professeur Nadim Nassif (universitaire, chercheur et enseignant franco-libanais à Notre Dame University) a développé une plateforme d'évaluation des politiques sportives : « *le WRCES est un indice précis qui donne une évaluation holistique des nations en matière de sport d'élite. En croisant cet outil avec le taux d'obésité, la prévalence de la sous-alimentation et la puissance économique, il est désormais possible d'analyser la performance des dispositifs sport de chaque État* », détaille-t-il.

Un autre classement, établi par le site money.co.uk[1], cette fois, et s'appuyant sur d'autres critères, plaçait la France au troisième rang des nations les plus performantes, derrière les États-Unis toujours et l'Allemagne.

Football, rugby, volley, handball, basket... la France apparaît également comme l'une des meilleures nations du monde en sports collectifs. Autre indicateur, le *Greatest Sporting Nation Index*, créé en 2008 par Dan Thompson, qui analyse toutes les données dans 80 disciplines, abonde dans ce sens : en 2022, la France se classait toujours derrière les États-Unis mais devant la Chine cette fois. Depuis son lancement, la France n'y est jamais apparue en dessous de la cinquième place et toujours sur « le toit de l'Europe », comme le souligne un article de *Slate*[2]. Tout « cela découle d'une volonté politique affichée depuis les années 60, sous

[1] www.money.co.uk/mortgages/sporting-capitals
[2] « La France est l'une des reines des sports collectifs et c'est grâce à sa politique », Slate.fr, 25 décembre 2022.

l'impulsion du général de Gaulle, après l'échec du pays aux Jeux Olympiques de Rome (une piteuse 25e place). [...] C'est à cette date que l'État français lance un grand mouvement pour démocratiser le sport et favoriser l'émergence d'une élite compétitive et performante ».

Conséquence, le sport tricolore a toutes les raisons de s'enorgueillir. Les raisons de ces performances tirent leur origine dans le fait que la chose est prise très sérieusement dès l'école. Il est difficile de comparer cela avec ce qui se passe outre-Atlantique où la place du sport est sans pareille, et analysée sous le prisme de l'excellence et de la détection de talents ou avec certains pays comme l'Allemagne ou la Grande-Bretagne où l'école termine volontairement tôt pour laisser le temps aux enfants de se dépenser. Mais dans – beaucoup – d'autres nations le sport se pratique exclusivement en dehors du cadre scolaire et donc, malheureusement, le plus souvent par des gens aisés.

Sa force tire aussi son origine de la pluralité de l'offre, de « la qualité et la variété des infrastructures présentes sur l'ensemble du territoire [...] et de la topographie si particulière de la France qui nous permet d'être aussi compétitifs l'été que l'hiver », explique Mathieu Sauvajot[1].

Ces infrastructures, uniques, et qui font de la France le pays qui consacre le plus d'argent au sport au sein de l'UE, sont financées majoritairement par les collectivités

[1] « Le sport tricolore plus performant que ce que l'on dit ! », *Le Figaro*, 17 mars 2023.

territoriales, au premier rang desquelles les communes. Comme le montrait en janvier 2023 l'étude de l'Observatoire de l'économie du sport de la BPCE[1], après l'éducation, les petites villes et villages allouent au total 8 milliards d'euros par an au sport et à ses équipements, soit l'équivalent de leur deuxième poste de dépenses.

Ce réseau régional, jusque dans les territoires les plus reculés, et accessible à toutes les bourses, assure un socle et un dynamisme incomparable au sport à la française. Pour autant, j'estime qu'il est aussi légitime de s'interroger sur la structure de son modèle et d'être prospectifs pour non seulement pérenniser cet état des lieux, mais surtout l'améliorer et mener sportivement notre nation encore plus loin.

Au cours de ma carrière, je me suis, à cet égard, régulièrement demandé comment mon pays pouvait remporter autant de titres et de médailles et ne pas en tirer meilleur profit, voire meilleure visibilité ? Anecdotique, diront certains, mais dans un registre analogue je me suis également souvent demandé comment pouvait-on avoir autant de montagnes et pas le nombre de médaillés en ski que l'on mérite.

Je crois qu'il est temps de mettre en corrélation la pratique de certains sports dans l'Hexagone et là où ils produisent le plus de résultats. Se poser la question de savoir

[1] https://groupebpce.com/le-groupe-et-le-sport/acteur-de-l-economie-du-sport/notre-etude-sur-la-filiere-sport/bpce_observatoire_economiedusport_2023# :~ : text = Leur % 20contribution % 20est % 20estim % C3 % A9e % 20par, avec % 208 % 20milliards % 20d'euros

où il y aurait un intérêt à les développer ? Les attentes et les performances ne peuvent pas être identiques en Bretagne et au Pays basque, faut-il donc mettre l'emphase sur toutes les disciplines de la même façon ?

Notre politique sportive a toujours été pertinente, mais les temps changent pour de multiples raisons. Il serait donc judicieux de faire un examen de conscience pour mieux « coller » à l'époque, de réfléchir en amont à la pénurie annoncée de bénévoles pourtant les piliers de l'architecture du sport en France, comme il serait opportun d'en rationaliser la vision, grâce à différents paramètres, et de réfléchir aux profits financiers qui pourraient en découler.

Le modèle français est bon, unique, intéressant, il y a simplement une évolution à anticiper, sur la façon dont il pourrait gagner de l'argent, entre autres, adossé au privé, pourquoi pas.

Le fait est qu'il est temps de mettre tout cela à plat. La pandémie a révélé de nouvelles attentes sportives chez les Français, et celles-ci sont de moins en moins encadrées. Ils sont en effet près de 60 % à plébisciter une pratique plus libre et plus urbaine. Un manque à gagner pour les associations, certes, mais surtout le développement d'un sport « sauvage » pas nécessairement de bon augure.

Chapitre 5

Préserver ce maillage du territoire incomparable

Trouver la martingale entre le maintien du système de licences et de nouvelles sources de revenus

Nous l'avons vu : en France, en dehors du football et du rugby, à part dans le paysage sportif, le reste du sport hexagonal est subventionné en grande partie par les collectivités territoriales. Celles-ci construisent, gèrent et mettent à disposition les équipements sportifs au profit des associations, clubs, écoles et autres évènements. Ce modèle, considéré comme unique en raison de sa structure et de son organisation spécifiques, mais aussi parce qu'il fait partie intégrante de la vie sociale et culturelle, a permis de créer moult passerelles entre les sports scolaire, amateur et de haut niveau. Le système de licences sur lequel il repose permet son financement, y compris pour des disciplines moins connues.

Mais ce modèle a été fragilisé ces dernières années : arbitrages économiques au détriment de l'offre associative, difficultés à rénover le parc existant, l'impact de la crise sanitaire et aujourd'hui celui, considérable, de la hausse énergétique.

Or cette présence absolument exhaustive de clubs et d'installations partout en France est un actif précieux. Et l'heure est venue de la maximiser. En effet, les nouvelles technologies se sont imposées dans tous les domaines de la société et le sport n'y échappe pas. « Ces outils révolutionnent et enrichissent la pratique sportive traditionnelle et doivent être mis au service de la conquête de nouveaux publics », analyse l'Étude nationale sur les besoins et les attentes du sport[1], publiée en 2022 et pilotée par l'Agence nationale du sport.

En parallèle, les attentes de nos concitoyens en matière d'exercice physique ont évolué : ils plébiscitent une pratique plus libre, moins contraignante, de pouvoir passer d'un sport à un autre. En substance, ils sont plus en quête de plaisir que de compétition. Ce qui constitue en soi un point positif, puisque cela signifie que le bien-être et la santé sont bien ancrés dans la psyché collective. Pour autant, ces évolutions demandent aux acteurs de la filière de s'adapter.

L'intelligence artificielle doit, dans cette perspective, être un recours utile pour recenser exhaustivement les infrastructures et les disciplines qui y sont pratiquées. Pourquoi d'ailleurs ne pas lancer un hackathon national, comme l'avait fait *L'Équipe* en 2015 (NDLR, évènement au cours duquel des spécialistes IT se réunissent durant plusieurs jours autour d'une problématique collaborative) avec pour objet de produire des données complètes ?

[1] www.agencedusport.fr/sites/default/files/2022-05/220509_Synth%C3%A8se_Etude_besoins_attentes_acteurs_sport_VF.pdf

La raison? Une foultitude de nouveaux outils digitaux accompagne dorénavant ces nouvelles attentes de la population, mais ne bénéficie pas aux équipements financés par les collectivités territoriales, or il s'agit d'une manne non négligeable. En effet, de plus en plus de personnes ont envie de jouer au basket en 3 × 3, au futsal – qui ont d'ailleurs gagné leur pari puisque ce sont désormais des disciplines olympiques –, au padel (dérivé du tennis) ou autres et sont prêtes à payer pour cela. Rapide, facile, sans contrainte, jusqu'à 4 équipes peuvent jouer en même temps sur un terrain.

L'application Ball'N Connect, par exemple, l'a bien compris. Cette start-up, abritée chez station F, réunit une communauté de près de 40 000 mordus du ballon orange, en quête de terrains accessibles et d'éventuels partenaires de jeu, et a trouvé son modèle économique, en prenant notamment une commission sur la billetterie de certains évènements autour du basket. On ne peut que se féliciter de l'émergence d'une SporTech en France, dont certaines applications bénéficieraient largement aux Fédérations.

À la faveur d'une analyse plus fine des habitudes sportives dans nos territoires, que j'espère possible grâce aux nouvelles technologies et la collecte de data, je suis convaincu que nous disposons là d'un autre réservoir de ressources financières à ne pas négliger. Amener plus de pratiquantes dans les stades, les conduire à suivre le sport, à créer un écosystème vertueux, remplirait en effet les salles et augmenterait la billetterie. C'est ainsi que l'on développe des sports vitrines, qui donnent envie de rentrer dans le magasin !

Partir de la base, de nos territoires si riches, retourner le sablier en quelque sorte et, de là, bâtir une machine de guerre en partie digitale et au bénéfice des Fédérations.

Tous les champions passent par l'UNSS

Mais sa vocation n'est pas d'être une usine à champions !

Frédéric Michalak, Malia Metella, Kevin Mayer, Hélène Defrance, Raphaël Varane, Élodie Clouvel, Renaud Lavillenie, Nicolas Batum… la liste, loin d'être des champions internationaux ? Ils ont tous été formés à l'UNSS, comme je l'ai été aussi, par ce remarquable tremplin.

Nous devons tout mettre en œuvre pour qu'elle reste la fédération sportive la plus accessible de France pour les familles : c'est un challenge auquel nous tenons absolument. C'est un signal pour les familles, lequel d'ailleurs mériterait d'être reconnu comme un acteur essentiel des politiques publiques, du vivre-ensemble et du rayonnement sportif au cœur des villes et des territoires.

Le nouvel élan que j'appelle de mes vœux pour promouvoir cette exception culturelle sportive à la française passe par une meilleure utilisation de nos forces territoriales, par la mise en place de nouvelles pratiques, comme nous venons de le voir, et par une digitalisation à marche forcée pour entrer pleinement dans le XXIe siècle.

Car ne l'oublions pas, de par la totalité de ses disciplines et par sa présence jusque dans des endroits reculés, l'UNSS est un laboratoire envié, y compris à l'international. L'association permet d'essayer une multitude de sports, d'oser, de démultiplier les premières expériences et les rencontres. Autant d'atouts qui nous permettent de travailler en totale confiance avec le mouvement sportif et d'avoir signé plus de quarante conventions avec des fédérations ou ministères.

De même, en fonctionnant comme une sorte de laboratoire, les dizaines de championnats de France que nous organisons nous permettent, précisément, de réfléchir *in vivo* à ceux qu'il faut encourager ou au contraire peut-être abandonner.

Certains modèles que nous avons développés autour du handicap, des sports combinés ou ceux à travers lesquels la mixité est imposée, sont aujourd'hui scrutés, voire repris, par certaines fédérations, même à l'étranger. Le fait d'avoir cette immense chance de pouvoir tester beaucoup de choses fait de nous des démonstrateurs enviés.

ÉCLAIRAGE

La Lycéenne run, une course qui a essaimé dans le monde entier

Imaginée par l'UNSS, cette course annuelle a pour particularité d'être 100 % féminine afin de promouvoir ou d'encourager, chez les adolescentes, la pratique sportive. Gaie, haute en couleur et rassemblant des milliers de milliers de jeunes filles à travers tout l'Hexagone, cette compétition a entre autres particularités d'autoriser chaque licenciée qui court d'inviter une amie qui, elle, n'appartient à aucune association. Année après année, son succès ne se dément pas et l'idée a essaimé dans le monde entier sous l'appellation « *She runs – Active girls lead* ». La dernière édition à Bruxelles, organisée par l'ISF, à l'automne 2022 a compté plus de quinze nationalités différentes. Les instances sportives européennes espèrent augmenter significativement ce nombre lors des prochaines éditions.

Tout cela doit néanmoins rester ludique ou à tout le moins être associé à une notion de plaisir. Nous ne devons pas perdre de vue le fait que nous nous inscrivons d'abord dans un parcours éducatif.

À l'approche des JOP 2024, notre ambition est d'ailleurs – et surtout ? – de travailler sur l'héritage immatériel de ces jeux, à savoir impulser plus d'envie auprès de nos jeunes de s'adonner au plaisir du sport.

Une approche multidisciplinaire

Une autre exception culturelle française

Nous avons abordé ce sujet brièvement : la force de la France, c'est de s'être rapprochée de la culture. Beaucoup de sports avaient une dominante philosophique, comme l'escalade par exemple. En l'absence de médailles, d'aucuns la considéraient comme une simple activité de plein air, sans intérêt majeur, à rapprocher d'un désir de proximité avec la nature ou d'une sensibilité environnementaliste.

Les fédérations ne s'en préoccupaient pas énormément et l'esprit de compétition n'y régnait pas. Or depuis les Jeux de Tokyo, la donne a changé puisque c'est devenu une discipline olympique.

Comme avec le skate-board, le basket 3 × 3 – baptisé le basket des pauvres car né à Harlem dans les années 1980 –, ou le breakdance, ils craignaient que l'on tue la philosophie derrière leur discipline. Cette vision a clairement évolué. Je trouve d'ailleurs passionnant d'accompagner les élèves dans la pratique de ces disciplines de rues, un peu sauvages, quasiment sans règles initialement, ô combien physiques, mais qui n'empêchent pas que les deux approches soient compatibles. Un parcours qui conduit aussi à l'excellence, que l'on retrouve savamment décortiqué dans le documentaire *Allons enfants*[1], lequel retrace la trajectoire d'élèves, au départ en difficulté, en section hip-hop dans le lycée d'excellence Turgot à Paris. « On vient pour apprendre la culture hip-hop, car ce n'est pas que de la grosse musique et des rappeurs, raconte l'un des jeunes protagonistes. « C'est vraiment une culture, une histoire, que l'on doit transmettre et mérite d'être reconnue comme telle. »

Encourager et développer ces pratiques hors « sentiers battus », c'est non seulement le rôle de l'UNSS mais c'est aussi s'inscrire pleinement dans une époque, y adhérer à 100 %.

Ce qui compte, c'est de célébrer le mouvement. La danse est un bon exemple – mais elle est loin d'être la seule – car il s'agit d'un exercice particulièrement engageant. On s'affranchit de certaines barrières mentales, c'est une expression et une affirmation de soi, on accepte de se livrer. Je trouve ces jeunes qui dansent hyper-courageux, de livrer autant d'eux-mêmes de façon presque intime.

En ce sens, oui, le sport à la française constitue une forme d'exception. D'ailleurs, capitaliser sur nos différences serait une voie à explorer. Notre pays compte plusieurs sports moins médiatisés mais dont la base de pratiquants

---

[1] *Allons enfants*, de Thierry Demaizière et Alban Teurlai, sorti en avril 2022 au cinéma et accessible sur les plateformes de streaming.

est solide et excelle. Mettre en lumière ces pratiques méconnues nous permettrait probablement de diversifier notre image et de susciter une nouvelle attention. Quoi qu'il en soit, l'UNSS symbolise aussi une voie royale vers les métiers du sport mais pas uniquement. On y forme aussi de futurs dirigeants, des journalistes, des arbitres, la liste est longue et c'est un système qui attire l'attention de nombreux pays étrangers.

C'est un atout de poids qui pourrait être encore mieux reconnu en dehors des aspects économiques

Encourager également une vision européenne

La force du sport tricolore en général est réelle et le sport scolaire n'a pas à rougir. On ne peut que se réjouir d'une enveloppe en légère hausse de 2,6 % à 1,1 milliard d'euros, cette année, dont 818 millions en faveur de la politique du sport, le reste étant alloué aux Jeux Olympiques de 2024[1]. Comme je me félicite qu'avec à peine plus de 30 millions d'euros de budget, le sport scolaire continue de se développer.

On peut ainsi affirmer que la France dispose d'une formidable vitrine avec finalement assez peu de moyens. Reste

[1] www.francetvinfo.fr/les-jeux-olympiques/paris-2024/projet-de-loi-de-finances-2023-le-budget-du-ministere-des-sports-et-des-jeux-en-legere-hausse-depasse-le-milliard-d-euros_5383495.html

que si nous disposions de 1 milliard d'euros par an sur dix ans, le paysage changerait drastiquement, nous permettant de nous engager durablement dans des stratégies porteuses. Pour rappel : un sponsor du CIO contribue au budget de l'Organisation mondiale à hauteur de 1 milliard par an, et si l'on veut être cynique, c'est l'équivalent de deux joueurs du PSG… Je crois donc que nous pouvons et nous devons faire mieux.

Il est prouvé d'ailleurs que lorsqu'une impulsion est donnée depuis le sommet de l'État, elle n'en a que plus de poids.

Loin de moi l'idée de souhaiter faire de la France une nation semblable à celles de l'ancien bloc soviétique, ne nous méprenons pas, mais le fait est que la politique sportive y a toujours été étroitement mêlée à l'État. Jusqu'à une époque relativement récente, et fruit de cette impulsion étatique, on se souvient que les pays de l'Est étaient systématiquement présents, ou presque, sur les podiums. Le mur est tombé, les sociétés se sont insurgées contre le totalitarisme et cette idée du sport comme vecteur de propagande – sans parler du dopage outrancier et des méthodes d'entraînement au-delà de spartiates – a vécu.

Mais hormis le Serbe Novak Djokovic, on ne voit que très rarement aujourd'hui de Roumains ou autres athlètes issus de l'ex-Yougoslavie ou ex-pays satellites de l'URSS dans le trio de tête des compétitions mondiales. N'oublions pas que les noms de Dynamo et Spartak, issus de cette période de l'histoire et très répandus, tirent leur origine respectivement de la société multisport créée en 1923 par le futur KGB (Dynamo étant une référence à la puissance) pour l'un et des différents syndicats de travailleurs pour l'autre.

Reste que ces pays réalisant aujourd'hui que cette époque « de gloire » est révolue cherchent à tendre à nouveau vers ce modèle, dans une version démocratique et modernisée. Tout cela fait partie d'un jeu de *soft power* plus large, auquel nous devrions donner plus de poids et sur lequel nous reviendrons plus longuement.

La France pourrait bénéficier d'une plus grande impulsion étatique mais également européenne. La Fédération européenne du sport (FESS), une organisation qui promeut le sport chez les jeunes en Europe, devrait nous permettre de discuter tous ensemble de concert et, en dépit de nos différences, de bâtir une base éducative commune intéressante.

Et dans cette architecture à laquelle nous sommes en train de réfléchir conjointement, je suis favorable au fait que des jeunes puissent passer d'un club à un autre en Europe. À l'image d'un programme Erasmus dédié. Un tel échange permettrait de croiser les expertises, d'enrichir les expériences, de renforcer les compétences, y compris pour le personnel encadrant. De même, un tel programme pourrait donner lieu à des stages dans d'autres pays qui autoriseraient de nouvelles approches en termes de formation ou de leadership ou à des projets de recherche collaboratifs inter-universitaires. La liste est longue, féconde et non exhaustive. Une chose est certaine, c'est que croiser des compétences de la sorte renforcerait non seulement la compréhension entre pays européens mais favoriserait encore plus le sport en tant que vecteur d'éducation, de valeurs et de cultures communes.

Chapitre 6

« Nul vainqueur ne croit au hasard. »
Friedrich Nietzsche

Une filière d'excellence française

La France s'enorgueillit, à juste titre, d'avoir su développer des filières d'excellence dans des domaines tels que le nucléaire, l'hydrogène, l'agriculture, la décarbonation, les biomédicaments ou autres. Il est temps, voire nécessaire, d'en faire de même avec le sport scolaire et en corollaire l'ensemble du secteur, en le consolidant et en le développant au cours des prochaines années. La pratique et l'industrie du sport au sens large connaissent une transformation profonde ainsi qu'une expansion exponentielle grâce à la prise de conscience liée au bien-être et à la santé et au nombre croissant de personnes, toutes générations confondues, qui s'y adonnent. De plus, la digitalisation et les différentes innovations technologiques ont fait naître de nouvelles pratiques sportives, élargissant un peu plus le spectre du marché. Rappelons qu'à l'échelle planétaire, l'économie du sport représente 2 % du PIB mondial et sa croissance est estimée entre +6 et 8 % par an (sources : PWC, Deloitte, Inseec Sport) pour les prochaines années.

Y a-t-il une logique à s'appuyer sur les quelque 37 000 professeurs d'EPS en France pour favoriser la création d'un tissu de start-up performantes dans le sport ? Absolument ! D'aucuns argueront du fait que le raccourci est iconoclaste. Il ne l'est pourtant pas, tant les investissements consentis par l'exécutif en faveur du sport à l'école, tant le maillage du territoire et la foultitude de disciplines proposées sont à même d'assurer d'immenses bénéfices. Par cette acception, il ne s'agit pas uniquement de promouvoir des sportifs de haut niveau et leurs médailles mais bien de mettre en avant tout un écosystème vertueux et économiquement performant.

Chaque amoureux du sport ne deviendra pas nécessairement Alexis Pinturault ou Clarisse Agbegnenou mais il peut, et doit pouvoir, travailler dans un « environnement – passion » en devenant, au choix, formateur, équipementier, entrepreneur, organisateur d'évènements, chercheur que ce soit dans le domaine médical ou de l'innovation, investisseur... quand il s'agit de sport, le champ des possibles est aussi large que prometteur. Que l'on en juge : selon l'Observatoire du sport conjointement avec le groupe BPCE dans leur dernière livraison de janvier 2023[1], la filière sport en France pèse 2,6 % du PIB et représente 70 milliards de chiffre d'affaires. « Avec 128 000 entreprises identifiées, la filière sport confirme sa richesse et sa diversité mais aussi sa vitalité avec 10 000 à 15 000 créations d'entreprises par an », précise le rapport.

La qualité du sport scolaire, puis universitaire – à condition de bien assurer la continuité entre ces deux périodes comme nous l'avons déjà souligné – et enfin professionnel, est à la source de l'envie, de l'énergie et des vocations susceptibles d'offrir à la nation la possibilité de s'arroger une part nettement plus significative de ce marché mondial estimé aujourd'hui à 800 milliards de dollars de chiffre d'affaires, lequel compte 5 millions d'emplois dont 450 000 dans l'Hexagone.

Ce terreau fertile que constitue le sport scolaire à travers l'UNSS et les autres associations sportives n'est, à tort, pas encore envisagé sérieusement comme un tremplin vers une filière d'excellence pour le XXIe siècle. C'est grâce à une telle approche holistique pourtant que nous pourrons bâtir une stratégie et une vision économique sportive à l'échelle nationale encore plus forte et de longue portée.

Comme le synthétise très finement l'Observatoire du sport, « par la place qui est désormais la sienne dans la

[1] https://groupebpce.com/le-groupe-et-le-sport/acteur-de-l-economie-du-sport/notre-etude-sur-la-filiere-sport/bpce_observatoire_economiedusport_2023

quasi-totalité des sociétés humaines, par la nature des enjeux qui lui sont associés (éthiques, sanitaires, financiers, diplomatiques, technologiques, voire anthropologiques...), par la multiplicité mais aussi la diversité et la puissance des institutions qui en assurent l'organisation du niveau local à l'échelle mondiale, le sport est une forme de fait social global». Au-delà de la seule pratique sportive, laquelle nourrit bien sûr les équipementiers et les fournisseurs pour ne citer qu'eux, il convient de s'intéresser plus avant aux nouvelles technologies, aux innovations autour de savoir-faire tricolores tels que l'organisation d'évènements sportifs ou la construction de nouveaux médias. En effet, rester assis devant son poste de télévision pour regarder son sport préféré, c'est terminé: multiécrans, créations tech, métavers... le sport s'apprécie déjà de maintes façons aujourd'hui et cette tendance va s'amplifier.

Réformer et réorganiser la gouvernance des instances sportives hexagonales est un préalable pour en faire l'un des fers de lance de cette stratégie d'excellence. Il convient donc d'aborder les instances sportives différemment, sans concessions, qui plus est alors que certaines d'entre elles viennent de traverser de sérieuses zones de turbulences, ayant déjà fait couler beaucoup d'encre. Ce sera peut-être difficile, mais c'est un mal nécessaire. À l'approche des Jeux Olympiques d'une part, et de la Coupe du monde de rugby d'autre part, je pense que ce système, lequel s'appuie essentiellement sur des bénévoles et des retraités, mériterait d'être professionnalisé et ses dirigeants rémunérés en conséquence.

Chapitre 6

La gouvernance n'est qu'un aspect de la problématique globale et si cette question ne doit pas être occultée, les leviers pour créer une filière d'excellence sont nombreux à commencer par le renforcement d'une SporTech innovante encore plus dynamique et à même de faire émerger des start-up prometteuses dans divers secteurs qu'il s'agisse de la médecine, du coaching, du gaming... autant d'applications qui requièrent audace et révolution technologiques, dans lesquelles le digital tient une place prépondérante.

On le voit déjà, au-delà des grands-messes incontournables, un nouveau mode de consommation du sport a émergé : documentaires, jeux, NFT... Comme le souligne l'étude réalisée par le cabinet de conseil Roland Berger en partenariat avec le collectif SporTech[1] : « Toutes ces tendances ont rendu indispensable la structuration des start-up françaises du sport au sein d'un collectif à même de défendre leurs intérêts. L'émergence de l'écosystème SporTech a ainsi permis l'éclosion d'accélérateurs tels que le Grand Paris Sport, qui a les JO 2024 en ligne de mire, ou encore Le Tremplin2. Si les entreprises américaines trustent les premières marches du podium de ce secteur, l'Europe et la France en particulier parviennent à tirer leur épingle du jeu. » La France est cinquième de ce classement en termes de levées de fonds, a progressé certes, mais peut et doit progresser encore si l'on en fait une priorité.

---

[1] www.rolandberger.com/fr/Insights/Publications/La-SporTech-en-France-Paris-en-ligne-de-mire.html
[2] Le Tremplin, devenu Paris&Co, est le premier incubateur au monde de start-up dédié au sport.

La France tire son épingle du jeu, mais elle est encore loin des géants américains et chinois

Pays par levées de fonds dans la SporTech mondiale (2017-2021)

Rang	Changement	Pays	Montant (M USD)	Classement par nombre de start-up
1	0	États-Unis	11 604,3	1
2	0	Chine	3 520,6	11
3	0	Inde	1 938,2	3
4	+4	Canada	1 061,1	5
5	+1	France	962,8	7
6	-2	UK	814,6	2
7	-2	Brésil	755,4	9
8	-1	Allemagne	534,9	6
9	+1	Suède	238,3	12
10	-1	Roumanie	200,1	58

● Changement de rang par rapport à l'année précédente

Source SportsTechX

Roland Berger

Par ailleurs, les compétences françaises en matière d'organisation de grands évènements sportifs ne sont plus à démontrer, ce dans une kyrielle de disciplines (Tour de France, Roland-Garros, Coupe du monde de Football, Route du Rhum, championnats du monde de ski, Arc de triomphe, la liste est longue), toutes à même de s'exporter et surtout de monter en puissance.

Enfin, dynamiser un écosystème autour du sport, porteur et performant, devrait également favoriser l'apparition d'une finance dédiée et lucrative.

En substance, soutenir le sport scolaire induit une vision à long terme et constitue le socle d'une économie aux enjeux croissants, tant en termes financiers que sur les externalités positives (santé, bien-être, inclusion sociale...).

Chapitre 6

Amateur ou professionnel, l'économie du sport pèse significativement à travers les emplois, les infrastructures, les équipementiers... Les dernières études stipulent qu'elle représente déjà 91 milliards d'euros en France.

Le sport est une stratégie : mettons-le en musique ensemble

Et commençons par ranger notre chambre

Penser le sport comme une filière d'excellence s'impose comme une évidence au regard des efforts consentis tant humainement que financièrement en France, dès l'école. Mais aussi car notre modèle associatif et scolaire, comme je l'ai déjà évoqué, est unique et scruté à l'international pour s'en inspirer. Pour autant, le triptyque sur lequel il repose depuis soixante ans – bénévolat, subventions publiques, cotisations des licenciés – est mis à mal. « Cet écosystème, relève la Gazette des communes[1], repose sur 3,5 millions de bénévoles dont le nombre est à la baisse, en raison de la crise sanitaire et de la diminution de l'âge des *seniors*. Vieillissement, implication plus ponctuelle... l'essoufflement du bénévolat sportif constitue un défi de taille pour les collectivités et leur tissu associatif. » Certaines fédérations existent depuis plus de cent ans, et leur modèle n'a que très peu évolué.

[1] www.lagazettedescommunes.com/833950/le-benevolat-sportif-a-la-recherche-dun-second-souffle/

Les retraités tiennent formidablement la « maison », mais d'une part, dans l'ensemble, ils disposent de peu de moyens financiers et humains ; d'autre part, le sport ayant évolué, jusqu'à devenir une économie de taille, ils ne sont pas forcément outillés pour s'adapter à cette métamorphose.

La part croissante de l'*athleisure*, la prise de conscience sur les bienfaits sur la santé, une massification de la pratique même si elle est individuelle, une hausse constante des dépenses des ménages, les pays émergents à la croissance prometteuse... tous ces paramètres font que le sport va continuer sa croissance au rythme de +6 % annuellement pour les cinq années à venir (sources : PWC, Deloitte, Inseec Sport, 2019). Le secteur est, sans nul doute, porté par une forte croissance de long terme. Et il est à parier qu'avec la digitalisation ou les innovations technologiques, son poids ne fasse qu'augmenter. Dans ce contexte, et puisque je crois fermement à l'idée d'une filière d'excellence, l'architecture sur laquelle reposent l'organisation et la gouvernance du sport est à repenser. J'appelle de mes vœux grâce à notre formidable intelligence collective le fait de former les bénévoles, en les aidant à développer des compétences en termes de finances, de mécénat, de billetterie ou de marketing par exemple.

Professionnaliser toutes ces instances décisionnaires dans les associations, fédérations et autres instances sportives hexagonales, tant localement que nationalement, permettrait d'optimiser leur organisation pour en faire une véritable force de frappe économique. J'inclus bien sûr dans cette vision le fait de mieux rémunérer ces dirigeants et le personnel encadrant. L'une de nos erreurs, me semble-t-il, est d'avoir voulu séparer le sport professionnel et l'amateur, or c'est un tout. À l'heure actuelle, en fin de parcours scolaire, il y a une rupture entre le sport amateur ou associatif et le sport universitaire, voire professionnel, ce qui est dommageable. Créer des passerelles, des liens plus structurés et structurants est un gage d'efficacité.

Tout cela demande que le sport français range sa chambre, de rationaliser des chapelles trop nombreuses pour fortifier cette architecture, de privilégier le travail en synergie – à cet égard je pense qu'il ne devrait pas y avoir l'UNSS d'un côté et les fédérations de l'autre, tout comme l'UNSS et USEP devraient fusionner pour plus d'efficacité – et peut-être d'allouer les fonds différemment. Faut-il continuer d'aider les fédérations les plus riches ? Le football et le rugby ont su générer d'énormes profits, et tant mieux. Pour autant doivent-ils recevoir autant de subventions que le hockey ou la gymnastique, par exemple ? La question mérite d'être posée car les deux premiers jouissent d'un engouement et d'une notoriété tels qu'ils ont su créer leur propre modèle économique largement bénéficiaire.

Enfin, optimiser les pratiques – laisser dans les Landes des disciplines telles que le rugby, le cyclisme ou la natation me semble opportun, y financer des associations de ski l'est moins – permettrait de prendre soin de notre formidable système.

Nous nous demandons constamment à l'UNSS, dans l'idée de jeter les bases d'une filière d'excellence dès l'école, s'il faut faire plus ou faire mieux. La seconde option induit des choix et des coupes, c'est certain. Mais l'UNSS assume son rôle de laboratoire servant à l'ensemble des fédérations.

Pour valoriser nos atouts en matière de sport, concilions donc transparence, efficacité, formation à tous les « étages » du management, et la France saura faire rayonner cette expertise.

Car une magnifique dynamique sportive est bel et bien en marche.

SporTech : une fabrique de champions tricolores

Faire émerger des licornes

Disons-le tout de go, alors que notre pays investit énormément d'argent dans le sport à l'école, nous devrions en retirer plus de bénéfices. Notamment pour jeter les fondations d'une filière exemplaire. D'autant que selon l'Observatoire sur l'économie du sport du groupe BPCE[1], ce secteur « confirme sa richesse, sa diversité et sa vitalité avec 10 à 15 000 créations d'entreprises par an ».

---

[1] https://groupebpce.com/le-groupe-et-le-sport/acteur-de-l-economie-du-sport/notre-etude-sur-la-filiere-sport/bpce_observatoire_economiedusport_2023

Chapitre 6

La France est une terre d'innovation et a démontré dans maints domaines qu'elle avait l'âme entrepreneuse. Les compétences de nos ingénieurs et autres développeurs sont largement plébiscitées dans le monde, comme elles le sont aussi dans certains secteurs clés. Les entreprises françaises de la HealthTech (ce qui a trait à la santé), l'Internet des objets, la cybersécurité, la FinTech... jouissent toutes d'une excellente réputation à l'international. La French Tech impacte donc positivement le monde des nouvelles technologies et la SporTech, plus récente, suit la même courbe exponentielle, sous l'effet d'une prise de conscience plus large des bienfaits du sport sur la santé, d'un désir de bien-être accru et, bien sûr, à l'approche des Jeux Olympiques. Il y a en outre « la vitrine Sorare, dont l'ascension éclair a frappé les esprits[1] » et contribue à faire éclore des centaines de jeunes pousses qui rêvent de suivre la même trajectoire. Car la spectaculaire levée de fonds de 680 millions de dollars en 2021 réalisée par cette désormais licorne française (elle est valorisée à 4,3 milliards de dollars), qui allie football, NFT et blockchain, en fait la tête de pont de cet écosystème, et crée un effet d'entraînement pour toute la filière.

« Nous avons une belle opportunité d'aller chercher une place de leader en Europe », abonde Gatien Letartre, coprésident du collectif SporTech et cofondateur de TrainMe, une start-up qui veut faciliter et flexibiliser la pratique sportive pour les particuliers ou entreprises à travers la réservation de coach. L'idée même de ce collectif, créé en 2019,

[1] « À l'approche des JO 2024, la sportech française veut prendre son envol », *Les Échos*, 4 février 2022.

qui regroupe une centaine de jeunes pousses dans l'univers du sport, montre à quel point le secteur est en ébullition et que le sport est un véritable levier d'innovation technologique à fortes valeurs ajoutées, dont la France peut tirer parti. La dernière livraison, en juin 2023, de l'étude du cabinet Roland Berger en partenariat avec le collectif SporTech affirme d'ailleurs que des pas de géants ont été faits au cours des trois dernières années, le biotope ayant gagné en maturité et visibilité. Les modèles économiques se sont affinés et la France peut compter également sur le marché européen avec lequel elle partage une même vision.

D'ailleurs, ce secteur s'étend bien au-delà de la seule pratique sportive puisqu'il inclut la fabrication d'articles de sport, la médecine sportive, l'écosystème autour des évènements sportifs, la data, la sécurité, l'industrie… et plus encore. Les grands groupes industriels, à l'instar de Décathlon, commencent à en mesurer le potentiel et y investissent de plus en plus. Les supporter, ça veut dire faire en sorte de consolider un secteur où il y a encore trop de toutes petites entreprises, d'en faire émerger d'autres, symboles d'avenir pour les villes, dans des domaines tels que la fourniture du sport, équipementiers et autres. Historiquement, par exemple, les exportations françaises en la matière ont été tirées par la vente de produits de niche, comme le matériel de ski et les équipements nautiques, mais à très forte valeur ajoutée. Nous y avons perdu des parts de marché au cours de la dernière décennie, stipule la BPCE, mais nous devons tout faire pour les récupérer. Le digital et les innovations technologiques sont une des clés, d'autant que le sport est un champ d'application idéal pour les tester.

La France a les capacités d'avoir plusieurs Sorare, qui plus est à l'heure du métavers lequel apportera indéniablement une valeur augmentée au sport, et plusieurs grands athlètes investissent dans la SporTech, en y apportant de la technicité. « Tony Parker, Benjamin Kayser, Blaise Matuidi, Raphaël Varane… de plus en plus de sportifs ont vocation à s'engager dans le développement de cet écosystème. Outre le sonnant et trébuchant, ils mettent leur expérience et leur notoriété au service des projets », relève Nicolas Teisseyre, l'un des *partners* de Roland Berger. Derrière les *business angels* et les fonds d'investissements, ce sont d'ailleurs ces champions qui investissent le plus – 24 % – dans la SporTech.

C'est un mystère d'ailleurs. Eux y croient, les chiffres montrent bien que la filière française est en pleine effervescence et sur une courbe ascendante, or les institutions publiques et les grands noms du capital-risque français sont encore frileux, comparés aux Anglo-Saxons notamment. Or, très prosaïquement, si nous n'y consacrons pas assez d'argent, nous prenons le risque de nous priver d'une manne économique plus que substantielle.

Chapitre 6

Le sport, une stratégie gagnante pour les fonds d'investissements

La digitalisation, l'innovation et les revenus médias renforcent son attractivité

Le sport est une industrie d'avenir. Transformé par les évolutions sociétales, les nouvelles habitudes, l'innovation et le digital, son poids va croissant. Dans un monde qui doute et vacille, le sport est un baume, un distributeur d'émotions, que l'on soit passionné ou non. L'engouement que suscite ce spectacle qui se consomme en groupe ne se dément pas, refuge ultime en des temps incertains.

C'est un fait, les fonds d'investissements qui s'intéressent au sport sont de plus en plus nombreux et principalement anglo-saxons. On l'a vu avec la SporTech : les levées de fonds totalisaient 27 milliards de dollars en 2021 dans le monde, dont 12 aux États-Unis, 6 en Asie et seulement 3 en Europe. Mais l'innovation, le digital, les revenus plurimédias avec la multiplication des canaux de diffusion, l'engouement grandissant des moins de 35 ans, sont autant de facteurs attractifs.

Aux États-Unis par exemple, les quatre principales ligues sportives dans lesquelles des fonds américains ont investi depuis 2002 ont enregistré en vingt ans des performances très supérieures à celle du S&P 500, l'indice boursier basé sur les 500 grands groupes cotés outre-Atlantique.

« En France nous ne sommes qu'au début de l'histoire », souligne-t-on chez KPMG.

L'envolée des droits télévisés, particulièrement dans le football, est venue remplacer dans les business plans les revenus classiques issus du sponsoring, de la billetterie ou des produits dérivés. Dans l'Hexagone, ils sont encore sous-exploités, ce qui explique l'arrivée de très grands à l'instar du luxembourgeois CVC capital partners – l'un des dix plus grands fonds de capital-investissement au monde – dans le panorama sportif tricolore où ils apparaissent de plus en plus actifs.

Le football est LA vitrine par excellence – CVC a investi 1,5 milliard d'euros en 2022 dans la Ligue de football professionnel (LFP) – mais cela dépasse largement le cadre de ce seul sport : Formule 1, basket, golf, rugby... comme lorsque le puissant et discret fonds américain Silver Lake a pris des parts chez les All Blacks néo-zélandais.

Tout cela pose, à mon sens, des questions de souveraineté, c'est pourquoi j'appelle de mes vœux la création de fonds français tout aussi puissants pour que notamment la partie technologique et innovante reste en nos mains...

Certes, favoriser l'attractivité du sport français à l'international est important mais nous devons faire attention à plusieurs points : mettre en place des garde-fous pour ne pas tomber dans la financiarisation à outrance – nous avons encore de la marge –, trouver une équation équilibrée entre les trophées et les résultats capitalistiques, et enfin expliquer la spécificité du sport tricolore. Celui-ci repose sur un système spécifique avec le sport scolaire et amateur, le soutien du sport professionnel vers le sport amateur, l'importance des collectivités territoriales dans ce dispositif puisqu'elles possèdent souvent les équipements sportifs, donc il est primordial d'entretenir de bonnes relations avec elles et des supporters, contrairement à d'autres pays, qui ne sont pas vus que comme des clients.

La compétitivité des clubs français est inférieure à celle des anglais, espagnols, allemands, etc. en termes de performances financières, mais nous avons largement les moyens de faire mieux. Et de doper cette filière d'excellence avec d'autres horizons de croissance, comme les innovations (montres connectées et autres outils de mesure de performances), l'hygiène alimentaire (probiotiques, compléments alimentaires), le matériel de sport bien sûr, les infrastructures et autres salles de fitness, les paris sportifs, l'e-sport, le métavers, les NFT et par conséquent l'émergence de plateformes dédiées. « L'audience du sport aujourd'hui est globale, relève-t-on chez KPMG. Avec un essor du digital. Le *sport entertainment*, le sport santé et le sport digital vont se transformer, impacter durablement la croissance des entreprises et la France doit s'inscrire dans ce changement culturel. » L'évènementiel, l'organisation de grands-messes vont tenir une place prépondérante dans cette économie et nous disposons d'avantages indéniables en la matière, comme nous le verrons par la suite.

Chapitre 6

Les Jeux de Paris 2024 seront là demain. L'effet de boost lié à cet évènement planétaire doit profiter aux entreprises françaises, les pousser à se surpasser et à investir à l'international. Cette ligne d'horizon peut renforcer la prise de conscience autour des immenses atouts que l'hexagone a à faire valoir dans cette industrie en pleine croissance.

Miser sur les évènements sportifs pour un nouveau printemps du sport tricolore

Lequel doit entamer une mue profonde

« Le sport pèserait autant que l'hôtellerie-restauration dans l'économie française », selon Julien Laugier, l'un des économistes en charge de l'étude de la BPCE. Et même que la culture, avancent d'autres. À l'aune de ce constat, je suis conforté dans l'idée que la France peut et va tirer un meilleur parti de ce secteur d'activité. Rappelons, en outre, que le sport et son actualité sont suivis régulièrement par plus de 22 % des Français – presque un quart, c'est énorme ! – et encore plus lors d'évènements spéciaux.

Autant dire qu'alors que notre savoir-faire en matière d'organisations d'évènements sportifs à l'instar du Tour de France, du tournoi de Roland-Garros ou du Vendée Globe n'est plus à démontrer et ne demande qu'à monter en puissance, il est temps de miser plus avant dessus. Et constitue, soit dit en passant, une autre façon de rayonner à l'international, en exportant et en dupliquant cette expertise en matière de création de « sport-spectacle ». La pandémie a accéléré la mutation de ce dernier, sans public ni ambiance, et a démontré que les nouvelles technologies, jusqu'alors sur le banc des remplaçants, avaient bel et bien pris leur place dans le paysage.

Le sport-spectacle engage pleinement public et fans et propose désormais un contenu qui se décline bien plus largement que le simple fait de regarder un match ou une compétition.

La consommation du sport a, d'ailleurs, elle aussi, considérablement évolué. Au-delà des grands-messes sportives auxquelles tout un chacun peut assister, ce secteur est devenu plurimédia. On ne reste plus uniquement assis devant son poste de télévision pour suivre une compétition : les réseaux sociaux et autres nouvelles technologies sont venus bousculer les médias traditionnels, même s'ils ne les surpassent pas encore. Internet continue sa montée en puissance et attire les moins de 35 ans : ils veulent pouvoir consommer du sport à tout moment et en tous lieux, comme le souligne le baromètre #SportTracker lancé par Vertigo, un institut d'étude spécialisé dans la recherche marketing pour le marché des loisirs et l'Observatoire du sport business[1]. La généralisation de la 5G ne fera qu'accentuer ce phénomène.

[1] Aurélie Lienhart, « Le sport, ce contenu devenu "plurimedia" », *Le Figaro*, 29 Janvier 2021.

Et je suis persuadé que nous avons beaucoup de ressources à mettre en avant, en particulier dans les ressources de contenus digitaux, aux formats courts, lesquelles se substituent, au sein du public jeune, aux retransmissions classiques et payantes.

Le sport mondial est en croissance continue, et en s'appuyant sur notre modèle unique, je pense sincèrement que nous avons non seulement les ressources nécessaires pour nous arroger une part significative de ce marché, mais également pour en devenir l'un des fers de lance à l'échelle planétaire.

Chapitre 7

« Le sport c'est la guerre,
les fusils en moins. »
George Orwell

Déployer une diplomatie sportive française plus offensive

En 2012, un épisode est venu confirmer, si besoin en était, combien la diplomatie par le sport était aussi importante que celle pratiquée dans les salons feutrés des chancelleries. À l'époque, les différents Printemps arabes ont renversé des dictatures. Face à ces soulèvements, la Russie se désolidarise des stratégies majoritairement adoptées par le monde occidental, en particulier dans les cas libyen et syrien : ventes d'armes, facilités navales, « peur d'avoir à ses frontières un second Afghanistan[1] », tout cela le Kremlin

[1] Anne de Tinguy, « La Russie face aux révoltes libyenne et syrienne », dans l'ouvrage collectif *Les Ondes de choc des révolutions arabes*, Presses de l'Ifop., 397 p.

le défend et abhorre l'ingérence, en particulier américaine. Les relations entre Vladimir Poutine et l'Occident sont plus que tendues. Mais une opportunité de les « réparer » se présente avec les Jeux Olympiques de Londres en 2012. En marge des compétitions, une dizaine de réunions sont organisées entre le dirigeant russe, le Premier ministre d'alors David Cameron et leurs équipes respectives mais, de l'aveu des Britanniques, les discussions patinent dangereusement, notamment au sujet de la Syrie. « L'un de mes conseillers m'a alors suggéré l'idée suivante : c'est un passionné de judo, la finale des moins de 100 kg est ce soir et oppose un judoka russe à un Mongol. Il faut absolument que vous l'emmeniez et tentiez d'apaiser les tensions, raconte David Cameron dans l'excellent documentaire *Face à Poutine*[1]. Vladimir Poutine est en effervescence durant le combat, loin de l'image dure qu'il renvoie habituellement, le Russe gagne et, d'abord réticent, il se laisse convaincre par David Cameron d'aller poser aux côtés du médaillé olympique, photo qui fera le tour du monde. « Plus tard dans la soirée, il m'a appelé depuis son jet en route vers Moscou – victoire manifestement arrosée avec sa garde rapprochée – pour me dire combien il avait apprécié cette invitation, que cela comptait beaucoup pour lui et qu'il voulait avoir une relation constructive », poursuit l'ex-Premier ministre britannique. Même si, malheureusement, la suite s'est avérée tragique en Syrie, pendant plusieurs mois grâce à cette diplomatie du sport, les pourparlers ont été empreints, *a minima*, d'une volonté de bien faire.

[1] *Face à Poutine*, de Norma Percy, 3 épisodes, 2022, Arte.

Chapitre 7

Il s'agit donc de bien plus qu'un loisir, un divertissement ou une compétition. Les grands-messes sportives revêtent désormais un caractère stratégique, c'est un fait. Comme le souligne le géopolitologue français et fondateur de l'IRIS (Institut de relations internationales et stratégiques), Pascal Boniface, des institutions telles que le CIO ou la FIFA « réussissent là où l'ONU échoue, à savoir faire cohabiter la Chine et Taïwan ou Israël et la Palestine[1] » et comptent d'ailleurs plus de membres que « le machin » comme l'appelait le général de Gaulle.

Le sport est un tel phénomène de civilisation, impossible à ignorer, que tous les pays cherchent à utiliser sa puissance comme outil d'influence. Son instrumentalisation a toujours fait partie de l'arsenal géopolitique des États, au premier rang desquels la Russie, et les pays satellites de l'ex-URSS. Rappelons à cet effet qu'en pleine guerre froide, après chaque olympiade, les États-Unis et l'URSS faisaient le décompte de leurs médailles d'or « pour savoir qui du système capitaliste ou socialiste était le plus performant ».

Aujourd'hui, un pays, à peine grand comme l'Île-de-France, à savoir le Qatar, s'est imposé en vingt ans comme une puissance incontournable dans le concert des nations, en investissant massivement dans le sport, avec le succès qu'on lui connaît. Les grandes enceintes internationales économico-politiques l'intéressaient bien moins que le sport, et le football en particulier, vitrine ultime et mondialisée.

---

[1] Pascal Boniface, « La diplomatie sportive », *Atlas des relations internationales 2022*.

Et qui présente en outre l'intérêt de ne pas être dominé par les États-Unis et de préserver les identités nationales de chacun.

L'Arabie Saoudite suit d'ailleurs la même trajectoire. Riyad a réussi à devenir la patrie du rallye Paris-Dakar, et vient de s'offrir, à travers son fonds souverain (PIF) le footballeur Karim Benzema pour plusieurs centaines de millions de dollars. Illustration suprême que dans le monde d'aujourd'hui un pays existe autant par son pouvoir politique, économique ou militaire que par l'image véhiculée par ses champions, lesquels sont devenus des influenceurs à part entière aux millions de *followers*. Un Novak Djokovic a probablement plus fait pour le rayonnement de la Serbie que n'importe quelle rencontre bilatérale... « Le sport est une des ressources en matière de diplomatie publique à des fins de réputation et d'image à l'étranger qui permet de considérer certains États comme des acteurs puissants sur la scène internationale. [...] Dont l'organisation et dont les performances se donnent à voir une image de l'État qui permet d'enrichir sa réputation à l'échelle globale », précise Frédéric Ramel, professeur à Sciences Po et chercheur au Centre de recherches internationales (CRI)[1].

Or, à l'heure où la France, grande nation sportive, s'apprête à accueillir des évènements comme la Coupe du monde de Rugby ou les Jeux Olympiques et Paralympiques,

---

[1] www.emilemagazine.fr/article/2022/2/15/le-jeu-de-la-guerre-douce-le-sport-instrument-de-soft-power

au retentissement planétaire, il est primordial, voire urgent, que nous menions une offensive diplomatique sportive plus pugnace. Il s'agit d'un enjeu majeur de politique étrangère que nous n'utilisons pas assez – rappelons que Pierre de Coubertin est pourtant à l'origine du concept même de diplomatie sportive ! – et ceci est d'autant plus dommageable que non seulement depuis Juan Antonio Samaranch nous sommes encore plus entrés dans une ère de *sportainment* en mondovision, mais que la France dispose de talents et d'atouts magnifiques pour prendre la place qui lui est due. Et rayonner.

L'importance du *soft power* en matière de géopolitique n'est plus à démontrer

Mais la France peut et doit mieux faire

Coupe du monde de Rugby, Jeux Olympiques et Paralympiques... La France sera dans les dix-huit prochains mois particulièrement sous le feu des projecteurs et au centre du jeu de la diplomatie sportive. C'est une opportunité fantastique pour l'Hexagone de faire mieux et plus dans ce domaine. Au risque de me répéter, un pays existe non seulement pour son pouvoir politique, économique ou militaire mais également par son influence dans le monde sportif. Or nous avons décroché...

Cela me rappelle cette anecdote au sujet du général de Gaulle. Il n'était certes pas un sportif lui-même mais avait compris son importance symbolique. Après l'humiliation de la France aux Jeux Olympiques de Rome en 1960 (cinq médailles en tout et pour tout, dont aucune en or), il commentera : « Si la France brille à l'étranger par ses penseurs, ses savants, ses artistes, elle doit aussi rayonner par ses sportifs. » Cette contre-performance sera en partie à l'origine d'un mouvement en faveur du sport et… d'une caricature parue dans *Le Figaro*, restée célèbre, dans laquelle il avait été représenté en survêtement et chaussé de baskets, grommelant : « Décidément dans ce pays je dois tout faire. »

C'est regrettable mais, oui, nous avons décroché et devons renforcer la place qui nous revient sur cet échiquier. Nous avons beaucoup d'atouts à faire valoir. Le premier d'entre eux trouve son origine… à l'école. Car, si les Français ont parfois tendance à sous-estimer les profs d'EPS, le système éducatif sportif tricolore est non seulement vanté par maints pays étrangers comme modèle – tant pour sa structure unique que pour les valeurs républicaines qu'il véhicule – mais régulièrement plébiscité pour être dupliqué à travers le globe. Il s'agit même de la pierre angulaire d'une filière d'excellence à la française, de nature à ancrer le sport comme un levier robuste de *soft power :* cet art habile qui, à l'opposé de la force brute, permet de convaincre, susciter admiration et respect ou faire passer des messages. En substance, une façon pacifique de confronter des rivalités nationales.

Chapitre 7

L'autre stratégie à laquelle nous devons nous atteler est de nous positionner plus avant pour placer des Français à la tête de fédérations sportives internationales, qui on le sait sont toutes des institutions décisives. « C'est au sein de ces structures que vous allez peser et influer sur les stratégies du sport de demain, abonde Carole Gomez, anciennement chercheuse en géopolitique du sport à l'IRIS. FIFA, CIO, FIBA… autant d'instances fédérales considérées parfois comme plus influentes que certains pays sur la scène internationale. D'aucuns considèrent même que le président de la FIFA est plus puissant que certains chefs d'État… »

Aujourd'hui, sur 40 fédérations sportives internationales, seules 3 sont présidées par des Français : comment est-ce possible ?! Les Américains l'ont compris depuis très longtemps, suivis par les Russes et maintenant des pays comme le Qatar et autres. Il existe des représentations pour tous les sports, magnifiques, et nous avons laissé ce champ être accaparé par d'autres nations. Il est particulièrement impensable d'imaginer que dans certaines disciplines dans lesquelles nous excellons nous n'ayons pas de postes à responsabilités. Le pouvoir ne se demande pas, il se prend ! Et il est temps.

Chapitre 7

La diplomatie du sport ne peut se résumer à l'accueil de grands évènements

La France doit prendre l'initiative de créer une grande école internationale de reconversion des sportifs

Nombreuses sont les chancelleries qui ont mis en place depuis bien longtemps ce que je qualifierai de « DGSE » du sport, qu'il s'agisse d'avoir la haute main sur des instances essentielles, de racheter des clubs ou des athlètes, d'envoyer ses entraîneurs à l'étranger… cet entrisme est protéiforme. Nous avons évoqué les pays de l'Est ou les États-Unis mais quand la Chine finance et construit les stades accueillant les matchs de la Coupe d'Afrique des nations au Cameroun, ou quand l'Azerbaïdjan floque les maillots du club de football de l'Atlético de Madrid du nom de ce petit pays du Caucase peu connu, avec ce slogan : « *Azerbaïdjan land of fire* », ou encore quand le maillot du PSG mentionne « *visit Rwanda* », il s'agit bien de jouer à fond la « carte sportive » pour gagner en visibilité.

Il existe une autre voie et je milite pour une meilleure formation des dirigeants issus du monde sportif pour partir à la conquête de postes clés, comme on vient de le voir, mais aussi des dirigeants à même d'imaginer le sport de demain, de le développer et d'en renforcer le poids économique.

Chapitre 7

Les Britanniques ont une approche intéressante à ce sujet, en accompagnant et en formant leurs athlètes de haut niveau afin d'embrasser – s'ils le souhaitent – une autre carrière d'envergure après leur vie sportive. Le cas de Sébastian Coe est à ce titre éloquent. Double champion olympique du 1 500 mètres, il a cumulé de multiples records en athlétisme avant de prendre la tête du Comité des Jeux de Londres en 2012, puis a présidé la World Athletics à partir de 2015, tout en poursuivant une carrière politique puisqu'il est rentré au Parlement dès les années 1990 dans les rangs des conservateurs.

Je pense profondément que les sportifs de haut niveau devraient fréquenter plus souvent les bancs de l'école pour y faire des études supérieures. Leur carrière témoigne d'une palette de qualités indispensables à tout dirigeant mais il leur manque parfois un bagage académique. En France, les choix proposés à l'heure actuelle sont très nombreux tel le CDES (Centre de droit et d'économie du sport) à Limoges. Une excellente option, qui a accueilli des personnalités telles que Zinedine Zidane ou Alain Boghossian, pour ne citer qu'eux. Pour autant, une formation spécifique, résolument tournée vers l'international et offrant de solides bases de business et management, est un préalable selon moi, pour pouvoir briguer des postes de dirigeants de haut vol au niveau mondial. Qui plus est alors que la scène internationale est non seulement très embouteillée et compliquée, mais aussi clivée. Le sport offre l'avantage de se jouer des frontières.

C'est pourquoi j'appelle de mes vœux la création d'un « Sciences Po » du sport : un parcours d'excellence, pluridisciplinaire, s'adressant aussi bien aux sportifs de haut niveau en quête d'une reconversion exigeante qu'aux personnes qui souhaiteraient embrasser une carrière de haut vol dans cet univers. Adossé au formidable réseau diplomatique français existant, une telle approche permettrait, d'une part, à la France de conquérir ces fauteuils décisionnaires à l'international et, d'autre part, de garder un maximum de dirigeants français dans les grands clubs, voire d'en « exporter » au-delà de nos frontières. Les grands patrons sont unanimes : pléthore de contrats faramineux se décident dans des stades, entre politiques et capitaines d'industrie.

Une école au sein même du CIO sur le modèle du MEMOS devrait, d'ailleurs, être sérieusement envisagée, voire être obligatoire. Pour diriger des instances sportives, l'économie du sport prenant une part chaque jour plus importante, les athlètes de haut niveau doivent avoir les bons outils pour s'insérer dans ce secteur.

Être un ancien sportif qui a tout gagné ne suffit pas. Un évènement fondateur a poussé ma réflexion. Je me demandais en effet comment mon sport, le handball, pourtant très aimé et regardé, ne parvenait pas à signer des contrats, en droits télévisés notamment, avec autant de zéros que le basket ou le football. C'est à ce moment précis, ma carrière sur les terrains terminée, que j'ai décidé de repartir sur les bancs de l'école. J'ai pris un risque, accepté de ne pas gagner d'argent temporairement pour pouvoir suivre mon MBA en finance et management au sein de NEOMA Business School, parce que j'étais porté par cette conviction que je devais d'une part devenir un ambassadeur à l'étranger, à travers le handball, mais aussi avoir des bases extrêmement solides et complètes pour en comprendre tous les enjeux, y compris financiers. Décision dont je me félicite chaque jour.

Faire de notre passé colonial une force diplomatique

Un atout unique sur lequel nous devons nous appuyer

Le thème est excessivement douloureux tant ce passé colonial a laissé une empreinte durable dans notre société, voire la gangrène. Mon propos n'est pas de polémiquer, d'attiser querelles et souvenirs encore à vif, mais de proposer un point de vue différent. Cela n'effacera pas la question de ces pages sombres et contradictoires de notre histoire qui gangrène encore notre pays mais se réconcilier avec ce pan de notre mémoire peut constituer un aspect stratégique en matière de diplomatie sportive. Et apaiser des tensions.

Mieux, je crois fermement que nous pouvons transformer cet épisode tourmenté en net avantage « concurrentiel ». Pour ce faire, nous devrions puiser dans ces forces vives constituées de sportifs biculturels, issus de l'immigration, pour qu'ils deviennent des ambassadeurs de premier plan et fassent rayonner la France à l'étranger. Ce qui est perçu comme une difficulté – à l'instar du brandissement de certains drapeaux lors de matchs de foot – deviendrait alors un atout. Critiquer l'équipe de France de football parce qu'elle est « africaine » est absurde et insultant : cela démontre que nous gardons des liens étroits avec nos anciennes colonies. Voir les visages d'un Kylian Mbappé ou d'un Samuel Umtiti projetés sur l'Arc de triomphe est non seulement une source de fierté pour le continent africain mais nous devons mieux l'utiliser pour harmoniser nos relations à l'heure où la France et l'Afrique sont en proie à des soubresauts. En cause, frustrations, rancunes, blessures nourries par un passé commun parfois tourmenté. Pour discuter avec certains pays du continent, nous avons des ambassadeurs de hauts vols dans les rangs de nos équipes sportives, à même de parler ce langage multiculturel, d'autant plus que certains ont la double nationalité. En dehors de l'aspect géopolitique *stricto sensu*, tous ces pays avec lesquels nous avons partagé un bout de chemin pourraient ou devraient être nos alliés dans des moments sportifs cruciaux. N'oublions pas qu'au CIO, sur le modèle de l'ONU, chaque membre dispose d'une voix. Autrement dit, lors de votes le bulletin du représentant de l'Algérie ou du Cameroun pèse autant que celui de l'américain. Ces nations appellent de leurs vœux un rapport d'égalité et le sport, à travers ces porte-étendards en particulier, permet cela. Outre nos anciennes colonies, il est évident que la France, terre d'accueil et d'immigration, peut et doit mettre à profit ces liens, y compris avec le Moyen-Orient ou l'Asie.

D'autres pays se sont appuyés sur ces liens historiques, pourquoi pas nous ?

Il est important de rappeler qu'en des moments très tourmentés comme la décolonisation ou l'apartheid, le sport a toujours été un catalyseur de paix, ou à tout le moins un instant durant lequel « l'on posait les armes ». En outre, souligne Pascal Boniface, « pour un jeune pays qui venait d'obtenir l'indépendance le fait d'avoir une délégation aux JO ou une équipe nationale de football permettait de jouer l'hymne national, de montrer un drapeau, d'unifier un peuple à l'identité fragile ».

Il ne s'agit, certes, pas d'une baguette magique mais le sport est, sans nul doute, un moyen fort précieux si l'on s'en sert intelligemment. Un champion restera toujours un champion, peu importe sa nationalité et l'endroit où il voyage dans le monde. Il est temps que notre nation s'appuie plus encore sur cette arme de diplomatie massive.

Au-delà de l'Hexagone *stricto sensu*, une approche européenne s'impose

Face aux Américains ou certaines nations de l'Est, nous devons renforcer notre poids

La diplomatie sportive européenne est encore embryonnaire, elle doit tenir compte des politiques étrangères menées par ses États membres parfois divergentes, pour autant elle doit trouver un consensus pour faire œuvre commune notamment face à des pays plus pugnaces en la matière tels que les États-Unis, certaines nations de l'Est ou la Chine.

L'européanisation du sport pour vendre l'Europe a été pensée au sortir de la Seconde Guerre mondiale, dans le cadre de la reconstruction afin d'effacer les stigmates des affrontements, physiques et idéologiques. L'idée des premiers championnats européens germe alors « pour populariser ce projet à travers le sport et contribuer à l'idée d'un modèle sportif européen, dépolitisé et gommant les frontières intérieures », relèvent William Gaparini et Olivier Le Noé[1]. Les compétitions devenant « le fer de lance de la diffusion d'une réalisation européenne concrète et à même de créer une identité commune ».

Même si l'Europe compte un peu plus de 440 millions d'habitants contre 335 millions outre-Atlantique et 145 millions en Russie – sans parler du 1,4 milliard en Chine –, elle manque encore de cohésion pour s'affirmer face à ces mastodontes. Il est nécessaire de développer les discussions entre les 27 membres, de se mettre d'accord sur nos objectifs et de renforcer les outils de *soft power* dont nous disposons déjà et qui fonctionnent bien. Le programme Erasmus+ en est l'illustration avec sa montée en puissance régulière qui permet de financer de nombreux projets d'échanges dans le

[1] Sylvain Ferez et Philippe Terral, *Le Sport, un objet social* (dir.), éditions A. Athéna, 2023, 180 p.

domaine sportif. « Ainsi, la participation à la semaine européenne du sport a été ouverte aux États des Balkans occidentaux, et un appel à propositions a permis le soutien de projets de coopération internationale avec ces mêmes États et les pays d'Asie, d'Amérique latine et d'Afrique. Erasmus+ est ainsi devenu un instrument de "soft power" de l'UE », confirme Colin Miège, président du comité scientifique de Sport et Citoyenneté[1].

Les pistes à étudier au niveau européen sont nombreuses et il me semble encore plus d'actualité de nos jours de les explorer et de faire front commun *via* le sport, qui est devenu d'une certaine façon un nouveau terrain d'affrontement, même s'il est régulé et pacifique.

Il offre des réponses aux besoins d'exister, de s'affirmer et parfois de se défendre au sein d'un monde où le concept de puissance régit encore les relations internationales.

---

[1] Colin Miege, « Quelle diplomatie sportive dans le cadre de la politique des sports de l'Union européenne ? », Sport et Citoyenneté.

Conclusion

Quel meilleur tremplin que les Jeux Olympiques et Paralympiques de Paris 2024 pour mettre en avant toutes les forces et les potentiels du *Sport Power* à la française, qui prend sa source dans les collèges et les lycées.

Le programme « Génération 2024 » mobilise tout le corps enseignant et tous les élèves dans l'idée d'inclure encore plus d'exercice physique dans le quotidien de nos jeunes. Que ce soit au niveau de la pratique sportive, bien sûr – en rappelant encore et toujours combien il s'agit d'abord d'un plaisir – mais aussi à travers la culture sportive en mettant l'emphase sur ses valeurs cardinales : le respect, la persévérance, le collectif et l'inclusion sous toutes ses formes.

Au-delà de la promotion de l'activité physique, Génération 2024 est l'occasion unique d'utiliser le sport à des fins pédagogiques dans différents champs, avec une seule finalité : « Bouger plus pour apprendre mieux. »

Plus que jamais l'esprit olympique moderne doit souffler et nous rappeler combien la France, à travers la vision de son fondateur, a fait rayonner dans le monde des valeurs aussi belles qu'universelles : le fair-play, le respect de l'adversaire, l'amitié, la dignité des personnes, la conscience de la règle, le sens de l'effort collectif et individuel, la mixité... Ainsi que la paix, ô combien essentielle en ces temps troubles.

Je l'ai développé tout au long de cet ouvrage : le sport scolaire doit constituer la base du pacte républicain.

À l'heure où la fracture sociale se rappelle à nous dangereusement à travers des soubresauts récurrents, le sport à l'école peut être un formidable levier à même d'éviter toute forme de ségrégation ou d'exclusion qui ne dit pas son nom.

Il ne faut pas renoncer. Jamais.

La France a cela d'extraordinaire que, consciente que la pratique sportive scolaire est indispensable à la cohésion sociale et au bien-être des individus, elle a mis l'emphase – et les moyens – pour la développer, au niveau amateur comme professionnel ou grâce à des clubs divers et bien organisés et une très large accessibilité. Le Gouvernement maintient son soutien, montrant par là qu'il s'agit d'une vision de long terme. Celle d'une nation en forme, confiante, laquelle engendrera des citoyens unis et engagés dans un pacte républicain solide et porteur d'avenir.

Car, n'en déplaise aux esprits chagrins qui aiment à voir le verre à moitié vide, la France est une très grande nation sportive, à maints égards. Pour sa tradition d'excellence dans des disciplines qui ont des racines profondes dans l'histoire, pour la qualité de l'encadrement et de la formation proposée, pour la variété des sports pratiqués et pour toutes ses politiques publiques favorisant aussi bien l'accompagnement d'athlètes de haut niveau que l'émergence de nouveaux talents.

Le *Sport Power* à la française va bien au-delà des podiums et des médailles. C'est pourquoi il faut maintenir et renforcer tous ces petits « laboratoires de mixité et de civisme » que représente chaque cours d'EPS ou chaque participation à une rencontre UNSS.

Une activité sportive peut transformer certains destins à jamais.

Le sport à l'école joue un rôle crucial dans l'éducation à la citoyenneté en faisant « éclore » des personnalités conscientes, actives, responsables, engagées et solidaires, prêtes à apporter une contribution positive à notre pays.

Table des matières

LES AUTEURS DE DÉBATS PUBLICS

Françoise Adamsbaum
Directrice
Musée International des Arts Modestes (MIAM)

Yaële Aferiat
Directrice
Association Française des Fundraisers

Jean-Philippe Aka
Fondateur
AfricartMarket

Hervé Amar
Président
Ayming

Antoine Amiel
Cofondateur
Learn Assembly

Jean-Xavier Arnaud
Associé
Tilder

Julien Artu
Président
People Like Us

François Asselin
Président
Confédération générale des petites et moyennes entreprises (CPME)

Jacques Attali
Ancien conseiller spécial de François Mitterrand

André-Jacques Auberton-Hervé
Fondateur
Soitec

Fanny Auger
Fondatrice
The School of Life

Axelle Ayad
Fondatrice
Mapatho

Gilles Babinet
Cofondateur
Isotope Energy

Bertrand Badré
Fondateur
Blue like an Orange Sustainable Capital

Simon Baker
Directeur
Maison Européenne de la Photographie (MEP)

Hector Balas
Fondateur
Impala

Jérôme Ballarin
Président
Observatoire de la Qualité de Vie au Travail

Audrey Barbier-Litvak
Cofondatrice
Offishall

Marie Barrot
Fondatrice
AIM Prod

Agnès Bazin
Directrice du développement
Doctolib

Thierry Beaudet
Président
Conseil Économique Social
et Environnemental (CESE)

Anne-Sophie Beauvais
Vice-présidente et trésorière
Le Labo des histoires
et le Labo de l'écologie

Salomé Berlioux
Fondatrice
Chemins d'avenirs

Maribel Bernard
Présidente
Fondation d'entreprises
Bergonié

Adrien Bisseliches
Associé
My Pop Up Store

Denis Blanc
Directeur général
Ayming

Phillip Blond
Directeur
ResPublica

Christian Bombrun
Directeur
des Services Digitaux
Groupe MTN

Flore Bonnard
Fondatrice Rezto

Anissa Bonnefont
Scénariste
et réalisatrice

Bruno Bonnell
Secrétaire général
pour l'investissement
en charge de France 2030
Services du Premier ministre

Jean-Marc Borello
Président du directoire Groupe SOS

Valence Borgia
Associée Medici Law firm

Grégoire Borst
Professeur de psychologie
du développement
et de neurosciences cognitives
de l'éducation
Université Paris-Descartes

Vanessa Boudin-Lestienne
Directrice
associée WHO Talent Partners

Kat Borlongan
Directrice
La French Tech

Audrey Boulard
Fondatrice Locatool

Michaël Boumendil
Président
Sixième Son

Vincent Bounes
Directeur Samu 31

Kevin Bourgeois
Cofondateur
Supermood

Jérôme Bourreau
Fondateur Anamnese

Nicolas Bouzou
Fondateur
Asterès

Nicolas Brien
Directeur Général
France Digitale

Tamara Brisk
Fondatrice Mokki

Franck Bruel
Senior Advisor
Boston Consulting Group (BCG)

Jean-Martial Buisson
Avocat associé Fromont Briens

Moussa Camara
Fondateur
Les Déterminés

Robert Cantarella
Metteur en scène et réalisateur

Carolyn Carlson
Danseuse, chorégraphe et poétesse

Louis Champion
Directeur
UI Investissement

Julie Chapon
Cofondatrice Yuka

Thibaut Charmeil
Directeur général France Ayming

Xavier Charpentier
Cofondateur FreeThinking

Jean-Louis Chaussade
Special Advisor Accuracy

Élisabeth Chevanne-Brunel
Présidente
Association Française
des Coureures Cyclistes

Marion Clignet
Présidente
Association Française
des Coureures Cyclistes

Paul-Adrien Cormerais
Fondateur
Pony

Mathieu Cornieti
Président Impact Partners

Anne-Marie Couderc
Présidente du Conseil
d'administration
Air France-KLM

Professeur Charles Court
Chef de service chirurgie orthopédique
et traumatologique Hôpital Bicêtre

Thomas Courtois
Président
Nickel

Dadou Moano
Cofondateur RefuHelp

Amy Dahan
Directrice de recherche Centre
national de la recherche
scientifique (CNRS)

Julie Dautel
Cofondatrice
Eonef

François Davy
Président Groupe Adecco

David De Faria
Directeur Pôle Médico-social
Association Régionale
pour la Sauvegarde de l'Enfant,
de l'Adolescent et de l'Adulte
(ARSEAA)

Marie Degrand-Guillaud
Directrice générale
déléguée Nickel

Paul de Leusse
Directeur général adjoint
Orange

Martine Delbos
Directrice Générale
Pépinières Guillaume

Maxime Delmotte
Cofondateur
Balibart

Jean-Philippe Derosier
Professeur agrégé de Droit public
Université de Lille

Tanguy et Marine Desandre
Fondateurs
Maplaceencrèche

Didier Deschamps
Directeur
Chaillot – Théâtre national
de la danse

Jean-Luc Domenach
Créateur
Université Tsinghua

Éric Dournès
Directeur
Groupe Créa-Sud Communication

Laurence Drake
Déléguée générale
InPACT

Mathieu Duquesne
Directeur
de la stratégie SNCF Logistics

Jean-Loup Durousset
Président
Fédération de l'hospitalisation privée
(FHP)

Béatrice Eastham
Fondatrice
Green Événements

Marie Ekeland
Fondatrice 2050

Caroline Eliacheff
Docteure en médecine, psychanalyste
et pédopsychiatre

Delphine Ernotte Cunci
Présidente
France Télévisions

Charlotte Euzen
Associée
Tilder

Paola Fabiani
Fondatrice
Wisecom

Domitille Fafin
Directrice des relations
institutionnelles
et de la communication Shell France

Charlotte Fairbank
Championne de tennis fauteuil

Jean-François Fallacher
Directeur général
Orange Espagne

Mireille Faugère
Conseillère maître
Cour des comptes

Vanessa Feuillatte
Première danseuse
Opéra National de Bordeaux

Frédéric Fisbach
Codirecteur Centquatre

Hubert Flichy
Senior counsel
Flichy Grangé Avocats

Françoise Forette
Présidente du Comité d'Orientation
Scientifique et Stratégique
International Longevity Centre (ILC)
France

Nicolas Froissard
Porte-parole et codirigeant
Groupe SOS

Jean-Baptiste de Froment
Conseiller technique
pour l'éducation du président
de la République Nicolas Sarkozy

Sophie Gaillet
Fondatrice
Grand-Mercredi

Marianne Gallardo
Project Manager Engie

Mathieu Gallet
Fondateur Majelan

Cristina Garmendia
Présidente
Fundación España Constitucional

Pierre Gattaz
Président Medef

Julie Gayet
Actrice, productrice de cinéma
et réalisatrice française

Marie Georges
Présidente
Willa

Philippe Germain
Directeur
Ciclic Centre-Val de Loire

Olivier Girault
Directeur National
Union Nationale du Sport Scolaire
(UNSS)

Philippe Girod
Président Gouverneur
Audigier

Ana Giros
Directrice Générale Adjointe
Equans

David Gordon-Krief
Associé
UGGC Avocats

Laurent de Gourcuff
Fondateur
Paris Society

Élodie Grimoin
Cofondatrice
Urban Canopee

Anne-Sophie Grouchka
Chief Operating
and Transformation officer
Allianz France

Isabelle Guichot
Directrice générale
Maje

Sophie Guillin
Directrice Générale
Groupe Guillin

Cécile Guillou
Directrice générale
Franprix

Khamsa Habouchi
Directrice adjointe
Centre Virchow-Villermé

Vanessa Hary
Fondatrice
Savonnerie des Intrépides

Paul Hatte
Président
Hatis

Nicolas Hazard
Fondateur
Inco

Christophe Heugas
Médecin biologiste
Laboratoire Biopyrénées

Anne Hidalgo
Maire de Paris

Caroline Hilliet Le Branchu
Directrice générale
La Belle-Iloise

Klaus Hommels
Fondateur
Lakestar

Martin Hook
Directeur général
Ayming UK

Tarek S. Hosni
Directeur général
Alvarez & Marsal

Sarah Huisman-Coridian
Associée fondatrice
Equanity

Thierry Jadot
Président
Dentsu Aegis Network France

Olivier Jaillon
Directeur général
Wakam

Henri Jeannequin
Directeur Général
Maison Marc

Patrick Jeantet
Directeur général
SNCF Réseau

Jean-Paul Julia
Directeur Général
Banque Populaire
Bourgogne
Franche-Comté
et Pays de l'Ain

Nathalie Kaïd
Présidente
Sœurs d'encre

Marcel Kahn
Directeur général
Mutuelle d'assurance
des professionnels
de la santé (MACSF)

Nathanaël Karmitz
Directeur général
MK2

Élisabeth Kimmerlin
Présidente
Les Premières Occitanie

Frederik W. de Klerk
Prix Nobel de la paix 1993

Guillaume Klossa
Fondateur
EuropaNova

Gaspard Koenig
Fondateur
GenerationLibre

Alain Krakovitch
Directeur
SNCF Transilien

Arnaud de Lacoste
Directeur général
Sitel Group

Olivier Lacrampe
Docteur
Laboratoire Biopyrénées

Marc Laidet
Président
FHP Psychiatrie

Ingrid Lamri
Directrice du cabinet
du directeur général adjoint Engie

Véronique Langlois
Cofondatrice
FreeThinking

Serge Lasvignes
Président
Centre national d'art et de culture
Georges-Pompidou

Frédéric Latrobe
Associé
Tilder

Audrey Le-Bars
Directrice de projet Territoire
d'industrie de Lacq-Pau-Tarbes

Jean-Yves Le Gall
Président
Centre national d'études spatiales
(CNES)

Ludovic Le Moan
Cofondateur
Sigfox

Fabrice Le Saché
Fondateur
Aera Group

Philippe Lemoine
Président
Fondation Internet Nouvelle
Génération (FING)

Philippe Lentschener
Président
Publicis France

Matthias Leridon
Président-fondateur
Tilder

Enrico Letta
Doyen
École des affaires internationales
de Sciences Po

Aude Letty
Directrice
Innovation Santé Groupe Korian

Chen Lifang
Corporate Senior
Vice-President
and Director of the Board Huawei

Jean-Hervé Lorenzi
Président
Le Cercle des économistes

Pascal Lorne
Fondateur
Gojob

Antoine Loron
Cofondateur
Hublo

Pascal Lorot
Président
Institut Choiseul

Marina Maestrutti
Maîtresse de conférences
en sociologie Université Paris 1
Panthéon-Sorbonne

Christine Maffli
Fondatrice
Venera Creation

Thierry Malandain
Chorégraphe et directeur
Centre Chorégraphique National
Malandain Ballet Biarritz

Angèle Malâtre-Lansac
Directrice déléguée
à la Santé Institut Montaigne

Pierre-Alain de Malleray
Directeur
général Santiane

Béatrice Mandine
Ex-Directrice Exécutive
Communication,
Marque et Engagement
Orange

Moussa Mara
Premier ministre
du Mali

Emma Marcegaglia
Présidente
Eni

Stéphane Mariaccia
Animatrice
KOMedia

Sandrine Martinet
Championne paralympique de judo

Philippe Mas
Fondateur
Modularche

Michel Mathieu
Directeur général
LCL

Olivier Mathiot
Directeur général 2050

Muriel Mayette-Holtz
Directrice
Théâtre National de Nice

Dominique Méda
Directrice
Irisso

Julien Mendez
Directeur Général
Institut Supérieur
Maria-Montessori

Bruno Mettling
Président
Orange Middle East
and Africa

Marc Mézard
Directeur
École normale supérieure
– PSL

Sacha Michaud
Cofondateur
Glovo

Christian Miele
Président
German Startups Association

Valéry Miéral
Président
Volailles Miéral

Éric Mignot
Cofondateur
+Simple

Fatiha Mlati
Directrice de l'intégration
France terre d'asile

Jean-Paul Mochet
Directeur général
Franprix

Dominique Mockly
Président
et Directeur Général
Teréga

**Grégory Mollet-Viéville
et Romain Rainaut**
Créateurs
Conqueryourday

François De Montaudouin
Advisor Ayming Institute

Filippo Monteleone
Directeur général délégué
Ramsay Santé

Aurélie Motta-Rivey
Vice-présidente
Association française
pour les Nations Unies (AFNU)

Antoine Motte
Président
Constructions-3D

Patricia Moulin Lemoine
Présidente du Conseil de Surveillance
Groupe Galeries Lafayette

Peggy Munich
Fondatrice
Femmes Chefs d'Entreprises (FCE)
Landes

Claude Nahon
Directrice Environnement
Développement Durable
EDF

Séverin Naudet
Directeur général mondial
Socialyse

Olivier Nicolas
Membre du Comité exécutif LCL

Céline Orjubin
Cofondatrice
My Little Paris

Kevin Ortega
Fondateur
Coiff in the street

Haïba Ouaissi
Cofondateur LexDev

Amélie Oudéa-Castéra
Directrice marketing
et digital Groupe AXA

Rachid Ouramdane
Codirecteur
Centre chorégraphique national
de Grenoble

Ali Parsa
Fondateur
Babylon

Michel Paulin
Directeur général
OVHcloud

Guillaume Pepy
Président
Initiative France

Emmanuel Petiot
Directeur général
Deinove

Nicolas Petrovic
Président
France et Belgique
Siemens

Céline Peudenier
Membre du Directoire
Groupe SOS

Fabien Piazzon
Associé Qualité de vie au travail
Ayming

Alain Picard
Directeur général
SNCF Logistics

François Pignol
Directeur
Grands comptes
Luxe Google Paris

Laurie Pilo
Directrice générale
BeNeLux Ayming

Dominique Pitoiset
Directeur Général et Artistique
Opéra de Dijon

Thomas Plantenga
Directeur général
Vinted

Éléna Poincet
Cofondatrice
TEHTRIS

Olivier Poivre d'Arvor
Ambassadeur de France
en Tunisie

Célia Poncelin
Fondatrice
Lunetist

Marie-Alice Thierry-Portmann
Directrice des ressources humaines
Ayming

Philippe Pouletty
Cofondateur
Truffle Capital

Cyril Quenet
Cofondateur
Label Famille

Pierre Rabhi
Créateur
Colibris

Jonas Ramuz
Cofondateur
Quai 36

Laure de La Raudière
Présidente
Autorité de régulation
des communications électroniques,
des postes et de la distribution
de la presse (Arcep)

Raymond Redding
Directeur général du courrier
Groupe La Poste

Florian Reinaud
Cofondateur
Concilio

Helmut Reisinger
Directeur général
Orange Business Services

Hugues Renson
Vice-président
Assemblée nationale

Sandra Rey
Fondatrice
Glowee

Stéphane Richard
Président-Directeur Général
Orange

Anne Rigail
Directrice générale
Air France

Rémy Rioux
Directeur général
Agence française de développement

Gaël Riva
Organisateur
Drive Repas solidarité de la Loubière

Robin Rivaton
Directeur général
Agence d'attractivité et d'innovation
de la région Île-de-France

Lucie-Éléonore Riveron
Cofondatrice
Fauve Paris

Patrick Ropert
Directeur général
SNCF Gares & Connexions

Père Matthieu Rougé
Docteur en théologie

Nicolas Rousselet
Président-Directeur Général
Groupe Rousselet

Gérard Saillant
Président de la commission médicale
Fédération Internationale
de l'Automobile (FIA)

Cédric Sanial
Agriculteur en Haute-Loire

Michel Sapin
Ministre des Finances
et des Comptes publics

Marie-Laure Sauty de Chalon
Présidente
Carat Interactive

Jacques-Olivier Schatz
Directeur des opérations Wakam

Wolfgang Schäuble
Ministre fédéral
des Finances

Olivier Schwartz
Directeur
Unité Virus et Immunité
Institut Pasteur

Vincent Sciandra
Directeur général
METRON

Hervé Seck
Chef de projets
Diambars

Mouna Sepehri
Associée Tilder

Olivier Sibony
Associé
McKinsey

Yannick Silva
Fondateur
Yanook

Victor Simon
Président
WorldSkills France Champions

Alvaro de Soto
Professeur
École d'affaires internationales
de Sciences Po

Martin Stephan
Directeur général adjoint
Carbios

Volkan Tanaci
Fondateur
CityBzz

Aurélie Thévenet
Fondatrice
Linestie

Jean Todt
Président
Fédération internationale
de l'Automobile (FIA)

Albert Toikeusse Mabri
Ministre des Affaires étrangères
République de Côte d'Ivoire

Camille Thomas
Violoncelliste

Vincent Tomasetig
Président
Maker Béarn

Michaël Trabbia
Directeur de la technologie
et de l'innovation
Orange

Marie Trellu-Kane
Présidente
Unis-Cité

Cécile Verdier
Présidente
Christie's France

Agnès Verdier-Molinié
Directrice
Fondation iFRAP

Augustin Verlinde
Cofondateur
Frizbiz

Gilles Vermot Desroches
Directeur
du développement durable
Schneider Electric

Daniel Vervloet
Président
Fédération française d'allergologie
(FFA)

Martin Vial
Directeur général
Europ Assistance

Frédéric Vincent
Président du Conseil d'administration
Nexans

Benoît Voituriez
Directeur administratif et financier
Ballet Preljocaj

Jean-Pierre Wiedmer
Président
HSBC Assurances

Antoine De Wilde
Président
La French Run

Pascale Witz
Fondatrice
PWH Advisors

Minggang Zhang
Directeur Général Adjoint
Huawei France

Camille Zonca
Cofondatrice
Label Famille

Débats Publics s'engage dans une démarche
de développement durable par respect pour ses lecteurs
et pour l'environnement.

La conception, la composition et l'impression de ce livre
ont été réalisées en France.

Direction artistique : A'Noir
Composition et mise en pages : Nord Compo
Impression : Normandie Roto s.a.s.

Première édition : septembre 2023

Cet ouvrage est également disponible au format eBook.

L'imprimerie Normandie Roto SAS est labellisée Imprim'Vert®,
et la couverture ainsi que le papier intérieur de l'ouvrage
sont issus de forêts certifiées PEFC.

PEFC™
10-31-2541
Certifié PEFC
Ce produit est issu de forêts gérées durablement et de sources contrôlées
www.pefc-france.org

ISBN : 978-2-37509-740-3
Achevé d'imprimer en août 2023
N°d'impression : 2302708
Dépôt légal : septembre 2023
Imprimer en France

DEBATS
PUBLICS

Retrouvez-nous sur
le site internet de Débats Publics

www.debatspublics.com